Step by Step

Maya

スターターブック

モデリングからマテリアル、そして
アニメーションまでの基礎演習

伊丹シゲユキ●著

CUTT
カットシステム

はじめに

　Autodesk 社の「Maya」は、乱立する 3DCG ソフトウェアの中でも映画、アニメーション、ゲームなどのクリエイティブ分野で最も利用されている統合型 3DCG ソフトの一つです。

　自在にイメージを実現することのできるパワーは強力ですが、その反面、独学でその操作を覚えるには少し難しいものがあります。

　本書はそのような Maya の操作や機能を 12 のステップに分けて解説します。基本を理解し、広大な Maya ワールドの最初の指南書として、そしてそこから生れる創作のための第一歩として活用して下さい。

伊丹 シゲユキ

本書について

　本書は、これから「Maya」を使いはじめる方を対象に基本的な使い方を習得していただくことを目的としています。一般的に 3DCG ソフトウェアは非常に多機能です。本書はページ数も限られた入門書ですので、Maya のすべての機能には言及しません。また、取り上げている機能についてもその詳細を余すところなく解説するものでもありません。あらかじめご了承ください。

　本書は、以下の予備知識を前提に執筆しています。

- デスクトップコンピュータ使用に関する一般的な知識と操作能力
- Maya が動作する Windows、macOS、Linux など各 OS に関する基本的な知識と操作能力

　本書の執筆は、Windows10、グラフィックボード搭載のデスクトップ PC、Maya 2019、Maya 2020、Maya 2022、Maya 2023 環境下で行っています。Maya LT での動作、設定等の検証は行っていません。

本書の構成

　本書は全部で 12 のステップから構成されています。一般的な 3DCG ソフトウェアの学習を想定して内容を構成していますが、各ステップの分量は均等ではありません。1 日 1 ステップなどと決めて取り掛かるのではなく、各自の進捗に合わせて無理なく読み進めてください。

本文表記について

メニュー：階層 1 ▶階層 2	メニュー項目の選択操作を表します。
[Space]	キーボードのキーを押す操作を表します。
[Ctrl] + [G]	キー入力の組み合わせを表します（この場合は、[Ctrl] を押しながら [G] を押す操作を表します）。

StepUP ヒント

StepUP ヒント

　本文の記述に関連する注意点、簡単な機能紹介、サイト、検索キーワード、指針などの情報を簡易に追記しました。さらなる発展学習のために利用してください。

　本書では、基本的に標準画面上（ワークスペース：一般）に表示されているメニュー、ボタンなどの UI を使用して解説しています。同様の作業はホットキー（ショートカット）、ホットボックス、マーキングメニューなどでも可能ですので、適宜馴染んだ操作に読み替えてください。

■ サンプルファイル

　書籍で紹介されている Maya3D サンプルファイルは、以下 URL よりダウンロードしてください。サンプルファイルのバージョンにより、書籍で紹介されている内容（メッシュ構造や値）とサンプルファイルに相違がある場合がありますので予めご了承ください。

- 出版社サイト　巻末袋とじを参照してください。
- 筆者サイト　　`itami.info/maya-starter-book`

※サンプルファイルの使用に関しては、Step 2.2 の「サンプルファイルのプロジェクト設定」項 `23 ページ参照` 。

　筆者の YouTube チャンネルで参考の動画を順次公開しています。

- 筆者 YouTube チャンネル　`youtube.com/c/buzzlyhan`

■ Maya のライセンスとインストール

　Maya を利用するには、有料版のサブスクリプション契約、30 日間無償体験版、学生・教員向け無償版（1 年間有効、更新により継続使用可能）の 3 種類が存在します。いずれも Autodesk アカウントを作成して、所定の手続きの後にソフトウェアのダウンロード、インストールを行ってください。

　執筆時現在の Maya のバージョンは Maya 2023 となっています。

- 有料版・30 日間無償体験版（`https://www.autodesk.co.jp/products/maya/overview/`）
- 学生・教員向け無償版（`https://www.autodesk.co.jp/education/edu-software/`）

※ライセンスおよび配布形態は変更される場合があります。

　なお、Maya のインストール先は初期設定のまま変更しないことをお勧めします。Maya の操作環境ではファイル名やパス、名称等に日本語文字（マルチバイト文字）が含まれると操作に不都合やエラーが発生する場合があります。また、日本語文字を含むユーザー名も同様の恐れがありますので、ユーザー名も英数字だけにすることをお勧めします。

目　次

Step 7 ライト、カメラ、レンダリング 161

Step 8 イメージを具体化する 205

Step 1

3DCG の基礎知識

この Step では 3DCG 制作に必要な基礎知識、Maya の基本的な操作などを紹介します。

Maya だけでなく、多くの 3DCG ソフトウェア使用時に共通の知識となりますので、3DCG 初心者の方は新しい用語になじみましょう。

1・1 歴史

現在のコンピュータグラフィックス（CG）は 2DCG と 3DCG に大別することができます。

パーソナルコンピュータ（PC）における CG の利用は 1980 年頃に始まりました。

2DCG は 2 次元（平面）データを加工するものであり、主に Apple 社の Macintosh コンピュータによってデスクトップパブリッシング（DTP）の分野で発展し、現在では画像編集ソフトウェアや動画編集ソフトウェアによって作成される静止画や動画が含まれます。

一方、3DCG は 3 次元（立体）データを加工、描画するもので、こちらも当初は 2DCG 内での表現方法の一つとして発展してきました。

しかし、PC のハードウェアの発展とともに映画やアニメーション、ゲーム、広告物などあらゆる制作現場でも利用が進み、現在に至っています。

画像編集や動画編集ソフトウェアの中でも 3 次元データを扱えるものもあり、2D や 3DCG ソフトウェアといった明確な分類ができない場合もあります。

今後、あらゆるメディアでの 3DCG の利用は進み、仮想現実（VR）や拡張現実（AR）、複合現実（MR）、メタバースといった新たなトレンドでも必須の技術となるでしょう。

1・2 CG ソフトウェアの分類

3DCG 制作では Maya だけでなく、様々な種類や商品が利用されています。また、3DCG ソフトウェア以外にも 3D 作品を作成するために、画像編集ソフトや動画編集ソフトを利用することも一般的です。3DCG ソフトウェアを取り巻く環境は、日々進歩しています。より自由に考えたイメージを形にするためにも、いつも利用しているソフトウェアだけにこだわらず、常にアンテナを張って情報を収集しましょう。

制作現場でも良く目にするソフトウェアの一部を以下に紹介します。

3DCG ソフトウェア

統合型 3DCG ソフトウェア

Maya（マヤ）	Autodesk 社の 3DCG ソフト
3Ds' MAX（スリーディーズマックス）	Autodesk 社の 3DCG ソフト
Fusion 360（フュージョン 360）	Autodesk 社の CAD/CAM 統合したソフト
Cinema 4D（シネマフォーディー）	MAXON Computer 社の 3DCG ソフト
Houdini（フーディーニ）	Side Effects Software 社の 3DCG ソフト
Blender（ブレンダー）	オープンソースの 3DCG ソフト

特化型 3DCG ソフトウェア

ZBrush（ズィーブラシ）	MAXON Computer 社のデジタル彫刻ソフト
Substance 3D Painter	Adobe 社の 3D ペイントソフト
Mari（マリ）	Foundry 社の 3D ペイントソフト

2DCG ソフトウェア

画像編集ソフトウェア

Photoshop（フォトショップ）	Adobe 社の画像編集ソフト
Painter（ペインター）	Corel 社のデジタルアート ソフト
Krita（クリタ）	オープンソースのペイントソフト
Illustrator（イラストレーター）	Adobe 社のベクトル画像編集ソフト
CLIP STUDIO PAINT（クリップスタジオペイント）	セルシス社のイラストマンガ制作ソフト
Animate（アニメイト）	Adobe 社の 2D アニメーションソフト

動画編集ソフトウェア

Premiere Pro（プレミアプロ）	Adobe 社の動画編集ソフト
After Effects（アフターエフェクツ）	Adobe 社の VFX、モーショングラフィックスソフト
Final Cut Pro（ファイナルカットプロ）	Apple 社の動画編集ソフト

1・3 3DCG の用語

3DCGソフトウェアのMayaの操作を知る前に3DCG全般に関しての基本的な用語を紹介します。
3DCG用語にはソフトウェアによって使用にバラつきがあり、統一されていない用語もあります。
Step を進める前に読む必要はありませんが、気になったときに再度、確認してみましょう。

■ ポリゴン

多角形を**ポリゴン**と言います。3DCGで
は立体を構成する1つの平面となります。

平面を作成するためには、最低3つの辺
（三角形）が必要です。一つのポリゴンは、
頂点、辺、面から構成されています。ポリ
ゴンには三角形以上のさまざまな多角形が
ありますが、通常ポリゴン数を数える場合
は三角ポリゴンの数を数えます。

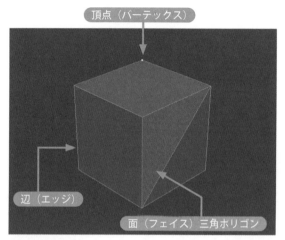

立体の構成要素

■ 法線（ポリゴンの裏と表）

ポリゴンには表面と裏面があります。

ポリゴンの表面は**法線（ノーマル）**と呼
ばれる線を表示することによって表され
ます。

法線が垂直に立っている側が表面となり
ます。

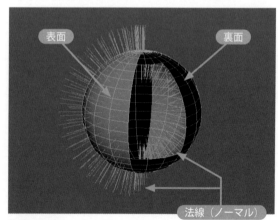

法線の表示

■ メッシュ

網目状の構造を示す言葉ですが、3Dソフトウェアではポリゴンの集まりを**メッシュ**と言います。
ポリゴンメッシュなどの呼び名も一般的です。

■ ジオメトリ

3DCGにおける**ジオメトリ**とは、座標情報を持つ2D投影されたオブジェクト全般をいいます。メッシュと違い、ポリゴンやカーブにこだわらず、数学、幾何学的な座標を意識した呼び名です。

■ トポロジ

3DCGにおける**トポロジ**とは、ポリゴンの構成をいいます。特にポリゴンの流れ（ポリゴンの連続的な形状と構成）を意識した呼び名となり、「トポロジがきれい（汚い）」などの呼び方でモデリングの品質の判断材料としても使われます。

■ リトポロジー

ポリゴンの流れを再度作り直すことです。ポリゴンが細かすぎたり、粗すぎたり、トポロジーが汚い場合に行うモデリング作業の一種です。

■ ワールド

Mayaにおける**ワールド**とは**シーン**そのものを指し、オブジェクトが存在する最も上位の3D空間です。

良く利用される用語としては、**ワールド座標**、**ワールド軸**などがあります。

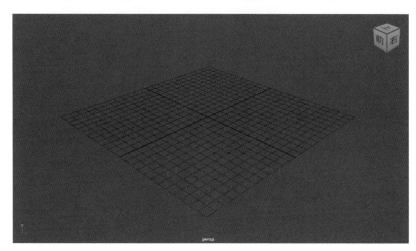

Mayaの「ワールド」

■ オブジェクト

シーン内に存在するすべての物は**オブジェクト**ですが、単に**オブジェクト**と呼ばれる場合は、**メッシュ**や**カーブ**による造形物を指すことが比較的多いでしょう。

■ コンポーネント

ポリゴンを構成する**頂点**、**辺**、**面**の各要素です。

■ ワールド座標

シーンの中心を原点とした座標系です。

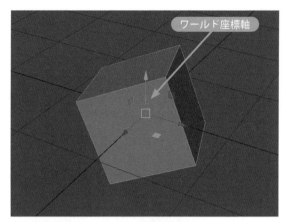

立方体を選択してワールド座標軸を表示

■ オブジェクト座標

オブジェクトの**ピボット**を中心を原点と
した座標系です。

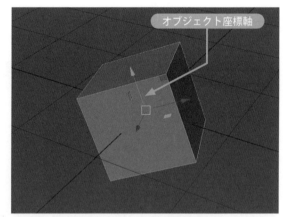

立方体を選択してオブジェクト座標軸を表示

■ ローカル座標

オブジェクトが**グループ**や**ペアレント**されたときに発生する親階層の座標です。

■ トランスフォーム

Maya の**トランスフォーム**とは、移動、回転、拡大縮小など状態変化の総称です。

■ クォータニオン

通常の三軸（XYZ）からなる回転は**オイラー角**による指定ですが、**クォータニオン**は任意の方
向に向けた軸と、その軸の回転による回転の指定方法です。三軸のうち二軸が自由を失う**ジンバ
ルロック**の影響を受けない方法として利用されます。

■ **カーブ**

Maya で利用できる**カーブ**には、**NURBS カーブ**や**ベジェカーブ**などがあります。

カーブを利用した**サーフェス（面）**の作成や加工、アニメーションのための**モーションパス**、**キャラクターリグ**などの用途に利用可能です。

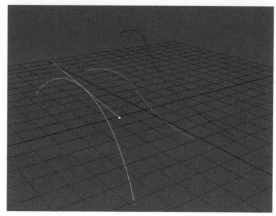

ベジェカーブ

■ **サーフェス**

カーブを利用して作成された面を**サーフェス**と呼びます。曲線データによって立体を構成する要素の一つです。

滑らかな面の作成には適していますが、自由な造形が難しく、**テクスチャマッピング**などは不得意とします。そのため、一旦カーブで作成した後にポリゴンデータへ変換することも、一般的な制作方法の一つです。

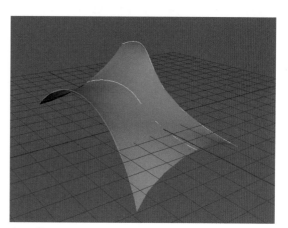

カーブからサーフェスを作成

■ **サーフェスモデル／ソリッドモデル**

サーフェスモデルとは、面で構成された 3D オブジェクトです。映像系の 3DCG では一般的な 3D のデータ構造です。一方、**ソリッドモデル**とは、内部の詰まった 3D オブジェクトで、主に工業 CAD や 3D プリンター出力などを目的とした 3D 作成に利用されます。

■ **シェーダー／マテリアル**

シェーダーとマテリアルは混乱しやすい用語です。**シェーダー**とは、ビューやレンダリングとして表示を出力するためのプログラムで、**マテリアル**とは、オブジェクトの表面の素材や質感を言います。

「blinn シェーダーの値を設定して、鉄のマテリアルを表現する」といった言い方が一例です。

■ ルックデブ（look dev）／ルック

　ルックデブ（look dev） とは、見た目を設定することです。具体的にはシェーダーの設定となります。「ルック」は「見た目」を表し、通常はレンダリングされた画像を指します。

■ UV（UV 座標）

　テクスチャマッピングのための座標系です。「UV を作る」と言えば、マッピングのための UV 座標データの作成になります。Maya のプリミティブでは、初期設定で作成と同時に **UV** が作成されています。

　UV 編集 とは、マッピングのための画像を UV 座標に合わせて編集することをいいます。

■ UV シェル

　つながった一つの UV を表します。移動、回転、拡大縮小などの作業には **UV シェル** の選択の状態が扱いやすく便利です。

■ レンダリング／レンダラー（レンダリングエンジン）

　様々なシーンで使用される用語ですが、3DCG においては計算結果によって画像を生成することです。

　レンダリング は画像を生成する処理、**レンダラー（レンダリングエンジン）** はレンダリングを行うソフトウェアを指します。

　Maya 2017 以降ではフォトリアルな画像を得るためのレンダラーとして **Arnold** が採用されています。

■ サンプル／サンプル数／サンプル値／サンプリング

　「サンプル」という用語は様々な場面で使われるため簡潔には言えませんが、一般的には、レンダリングの際にどの程度細かく計算して画像を生成するかの設定や設定値を指します。

　通常、**サンプル数** を上げると影や反射などの計算密度が高くなり、レンダリング画像のノイズが軽減されます。半面、レンダリング計算時間が長くなります。

■ テクスチャ境界、シーム

　UV のつなぎ目、境界のことです。「シーム」という用語は Maya ではあまり使用しませんが、合わせて覚えておきましょう。

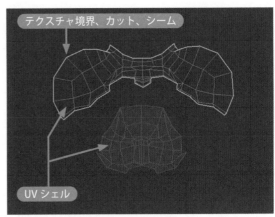

UV エディタにおける UV シェルとシーム

■ コンポジット

　エフェクトの追加や色調整、合成処理などのレンダリング後の処理を指します。3DCGソフト内やAfter Effectsなど外部の編集ソフトで行う場合などがあります。

■ バウンディングボックス

　対象を囲む最小の領域（ボックス）です。ピボット（オブジェクトの原点）はリセットされると、バウンディングボックスの中心に移動します。

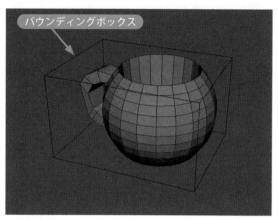

バウンディングボックス

■ ジョイント／ボーン／スケルトン／リグ

　ジョイントは、メッシュの頂点に影響を与えることのできるポイントです。**ボーン**は、ジョイントとジョイントの親子関係（階層）を示します。**スケルトン**は、ボーンで構成された骨組みのことです。**リグ**は、一般的には、ジョイントやデフォームの値など直接操作しづらい設定に対してのインターフェースとなります。

■ イージング

　変化に関する加減速の設定です。起点（**キーフレーム**）を中心に考え、次第に早くなるような変化を**イーズアウト**、次第に遅くなる変化を**イーズイン**と言います。

■ フレームレート

　1秒間の動画を何枚の静止画で構成するかの単位です。ビデオ（テレビ）動画の一般的なフレームレートは30 fps（frames per second）、アニメーションの一般的なフレームレートは24 fpsです。

1・4 3DCG の制作ワークフロー

　3DCG 制作作業には多くの工程があり、各工程は専門的な知識や技術を必要とするために分業化も進んでいます。

　ここではそのような複雑で多岐に渡る 3DCG 制作作業を単純化し、流れ（ワークフロー）として紹介します。

　例えばカメラに映らない部分の無駄なモデリングを避けるために、カメラ設定を最初に行っておくなど、作業の順序は制作物の内容や制作現場によって、前後する場合がありますので注意してください。

計画 資料、写真、図面などの 収集	3DCG 制作に限らず、作品制作に必須の資料集めです。目に見える資料だけでなく、作成する対象を「よく知る」ことによって作品の品質はアップします。
モデリング	まずは立体形状を作成するモデリング作業です（Step 3、4）。
マテリアル設定	3D オブジェクトの表面の素材設定です（Step 5）。
UV 編集	テクスチャを配置するために必要な、UV の作成（設定）です（Step 6）。
テクスチャ作成	テクスチャ画像の作成、または収集です。質の高い 3D 作品の制作には画像編集ソフトを扱えるスキルも必要です（Step 6）。
ライト・環境設定	ライトが無いとシーンは真っ暗です。ライトや背景となる環境を設定しましょう（Step 7）。
カメラ設定	カメラが無ければせっかく作ったシーンも撮影できません。カメラマンになるつもりでカメラを設定しましょう（Step 7）。
アニメーション設定	動きのあるシーン（アニメーション）を作成するためには、キーフレームの設定が必要です（Step 11）。
レンダリング	静止画、動画に限らずレンダリングを行うことによって画像の完成です（Step 7）。

Step 2

UI と操作の基本

初心者が最初に習得することは、そのソフトウェアのユーザーインターフェース（UI）に慣れることです。

この Step では複雑な Maya の UI に迷わないように、基本操作を身に付け、その後の学習に備えましょう。

2·1　起動

　スタートメニューから選択するか、アプリケーションアイコンをダブルクリックしてソフトウェアを起動します。

Maya 2022 アイコン

Maya 2023 アイコン

　初回起動時には「Mayaへようこそ」画面や「スタートアップ」画面が表示されます。
2度目以降の起動ではホーム画面が表示されます。

■ スプラッシュスクリーン

　Mayaの起動時には毎回表示されプラグインなどのロード状況が確認できます。

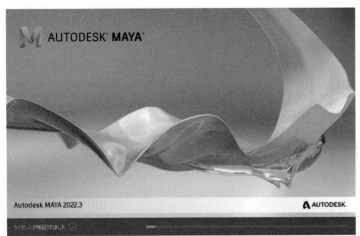

スプラッシュスクリーン

■「Maya へようこそ」画面

Maya の初回起動時に表示されます。次のどちらかのボタンを押してください。

- **［新規ユーザー］ボタン**：インタラクティブチュートリアルなど、Maya を初めて使うユーザーのための「スタートアップ」画面が表示されます。
- **［経験者］ボタン**：「一般」ワークスペースが表示されます。

「Maya へようこそ」画面

■「スタートアップ」画面

初回起動時に表示されます。

Maya 初心者に向けた動画へのリンクや、操作方法を紹介したインタラクティブチュートリアルが起動します。

スタートアップ画面

■ **ホーム画面**

　Maya 2022 では起動時に表示されます。本書では、この画面の左下にある「起動時にホーム画面を表示」のチェックをオフにして説明を進めます。

① **[新規] ボタン、[新規シーン] ボタン**：「新規シーン」を作成します。編集中のシーンが開かれている場合は、保存するかどうか確認するダイアログが現れます。

② **[開く] ボタン**：ファイルを開くダイアログボックスが表示されます。

③ **[プロジェクトを設定] ボタン**：使用されているプロジェクトを選択するか、新たに作成し設定することが可能です。

④ **「起動時にホーム画面を表示」チェックボックス**：起動時にホーム画面を表示するかどうか設定します。

⑤ **[Maya に移動] ボタン**：Maya のワークスペースに移動します。現在の編集画面に切り替わります。Maya による 3DCG 制作のメイン画面となります。

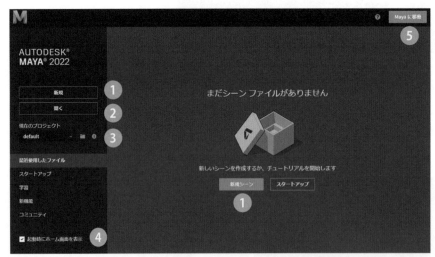

ホーム画面

UI の言語設定（Windows OS の場合）

　Maya の UI に使用される言語はインストール時に設定されますが、Maya では英語による情報も非常に多いため、普段は日本語表示で使用していても、一時的に英語表示に切り替えたいこともあるでしょう。

　インストール後に言語設定を変更するには次の 2 つの方法があります。

● バッチファイルを作成して起動する（起動言語の一時的設定）
● 環境変数を設定する（起動言語の設定）

■ バッチファイルを作成して起動する

以下のコードをテキストファイルとして保存し、任意の名前の Windows バッチファイルを作成してください。バッチファイルの拡張子は「.bat」になります。「バージョン」の部分は、使用中の Maya のバージョンに合わせてください（Maya 2022 を使用中なら「2022」になります）。

日本語モードで起動するコード

```
SET MAYA_UI_LANGUAGE=ja_JP
"C:\Program Files\Autodesk\Mayaバージョン\bin\maya.exe"
```

英語モードで起動するコード

```
SET MAYA_UI_LANGUAGE=en_US
"C:\Program Files\Autodesk\Mayaバージョン\bin\maya.exe"
```

作成したバッチファイルを起動します（コマンドプロンプトから上記のコードを 1 行ずつ実行して起動することができます）。

■ 環境変数を設定する

特定の言語でインストールした後に、起動の言語を変更するには「環境変数」を設定します。

Windows OS の検索窓に「環境変数」と入力して、表示された「システムのプロパティ」のウィンドウで［環境変数］ボタンを押してください。

「システムのプロパティ」ウィンドウ

表示された「環境変数」ウィンドウで新たな環境変数を作成して、言語の設定を行ってください。

環境変数を新たに設定

変数		MAYA_UI_LANGUAGE
値	日本語の設定	ja_JP
	英語の設定	en_US

Maya の初期化

　Maya の利用中に何らかの問題が発生した場合、既定設定の復元やユーザー個別の設定ファイル を削除することによって、簡単に解決できる場合があります。

■ ツールを出荷時設定へ戻す

　メニュー：ウィンドウ▶設定 / プリファレンス▶プリファレンスを選択して「プリファレンス」 ウィンドウを表示し、プリファレンスのメニュー：編集▶既定設定の復元を選択します。

「既定設定の復元」を選択

■ Maya のユーザー設定ファイルの削除による初期化方法

　一旦 Maya を終了してから、以下のファイルを削除して再起動してください。「ユーザー」は Maya を使用しているユーザーとなります。

日本語版

```
C:\Users\ ユーザー \Documents\maya\Maya バージョン \ja_JP\prefs\userPrefs.mel
```

英語版

```
C:\Users\ ユーザー \Documents\maya\Maya バージョン \prefs\userPrefs.mel
```

　userPrefs.mel を削除しても問題が解消されない場合は、Maya を終了した後に、以下のフォル ダを削除して再起動してください。

```
C:\Users\ ユーザー \Documents\maya\Maya バージョン \ja_JP
```

2·2 ワークスペース

Maya での基本的な作業を行う画面です。

初期設定時に表示される「一般」ワークスペースを例に、各部の名称と機能の概要を紹介します。

❶ ホーム画面 ホーム画面を表示します。

❷ メニュー メインメニューです。メニューセットにより表示の切り替えが可能です。

❸ メニューセット メニューを切り替えるドロップダウンリストが表示されます。

❹ ステータスライン メニューセットや共通機能へのボタンなどが配置されたツールバー部分です。

❺ ワークスペースセレクタ パネルやインターフェースなどのセットを切り替えることが可能です。

❻ モデリングツールキット モデリングに便利な機能を集めたパネル（モデリングツールキット）の表示／非表示を切り替えます。

❼ Human IK パネル Maya 標準の人体リグ（Human IK）設定、操作のためのパネルの表示／非表示を切り替えます。

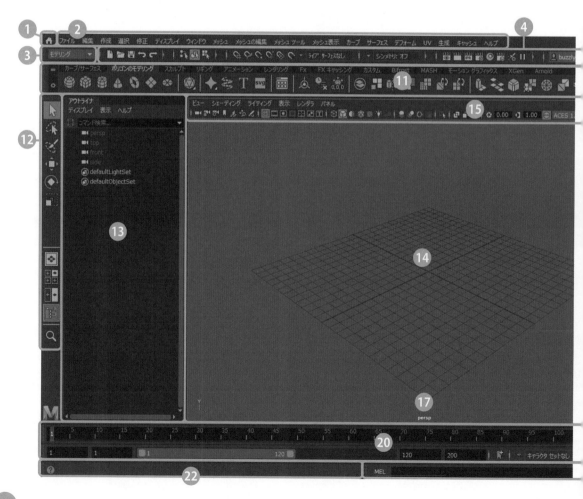

⑧ **アトリビュートエディタ**　選択した対象のアトリビュート（属性）パネルの表示／非表示を切り替えます。

⑨ **ツール設定**　選択されているツールの設定、操作のためのパネルの表示／非表示を切り替えます。

⑩ **チャネルボックス／レイヤエディタ**　チャネルボックス／レイヤエディタの表示／非表示を切り替えます。

⑪ **シェルフ**　主なツール セットをタブ切り替えて表示可能です。

⑫ **ツール ボックス**　選択やトランスフォームなどの主要なツールやビューの切り替えボタンなどが並びます。

⑬ **アウトライナ**　シーン内に存在するすべてのオブジェクトの階層リストが表示されます。

⑭ **ビューパネル**　シーン内の表示領域です。パースビューや正投影ビューによる表示が可能です。

⑮ **パネルメニュー、パネルツールバー**　主に表示に関連したメニューアイコンボタンが表示されます。

⑯ **ビューキューブ**　マウスドラッグやクリックによって、ビュー操作をインタラクティブに行えるインターフェースです。

⑰ **ビューに使用されているカメラ**　ビューパネルで使用されているカメラの名称が表示されます。

⑱ **チャネルボックス**　選択した対象のアトリビュート（属性）を簡潔に編集するためのパネルが表示されます。

⑲ **レイヤエディタ**　シーンのオブジェクトやアニメーションをレイヤで管理するパネルです。

⑳ **タイムスライダ、レンジスライダ、再生コントロール**　アニメーション設定のための各種設定やツールが表示されます。

㉑ **アニメーションプリファレンス**　プリファレンスの「タイムスライダ」へのショートカットボタンです。プリファレンスウィンドウを素早く表示するのに便利です。

㉒ **ヘルプライン**　ツールやメニュー上をマウスオーバーした際に簡単な説明が表示されます。

㉓ **コマンドライン**　MEL または Python コマンドの入力窓です。

「一般」ワークスペース

アウトライナ

アウトライナは、シーンに存在するすべてのオブジェクトがリスト上に表示され、選択、名前の変更などが可能です。

アウトライナには様々なオブジェクトが表示可能ですが、既定の設定では DAG オブジェクト（シーンで表示、操作可能な対象）のみが表示されています。

Maya の起動時には、デフォルトで設置されている**カメラ**と**セット**が並びます。カメラは非表示に設定されています。セットは任意の対象を登録可能なリストのようなものですが、本書では説明を割愛します。

Maya 起動時のアウトライナ

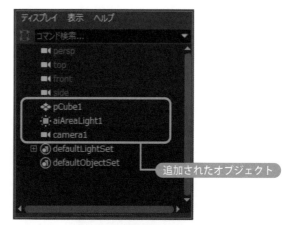

プリミティブ（ポリゴン立方体）、ライト（エリアライト）、カメラが追加されたアウトライナ

■ 名前の変更

シーンにオブジェクトが追加されると、アウトライナにもリスト上に表示されます。

各項目はダブルクリックによって任意の名前に変更可能ですが、日本語文字などマルチバイト文字の名前付けは避けましょう。

■ 場所の移動、親子、グループ

アウトライナの項目は、ホイールボタンのドラッグで移動可能です。

アウトライナで、あるオブジェクトを他のオブジェクトにホイールボタンでドラッグ＆ドロップすると、親子関係が設定されます。

また、複数のオブジェクトを選択して、メニュー：編集▶グループ化しますを選択するか、または [Ctrl] + [G] でグループにすることが可能です。作成されたグループにオブジェクトをホイールボタンでドラッグ＆ドロップし、グループに加えることが可能です。

親子設定されたオブジェクト

グループ化されたオブジェクト

メニューセット

メニューセットを切り替えることにより、ウィンドウより右側に表示されるメニュー項目が変化します。

メニューセットの切り替えプルダウン

アイコン

アイコングループの左横にある縦棒のクリックによって、グループの表示非表示が可能です。三角の表示はアイコングループが隠れている状態です。

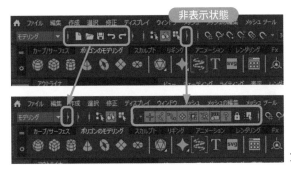

アイコンの表示／非表示

アイコン上をマウスホバーさせると、ツールチップによる簡単な説明が表示されます。ツールチップ内の［ヘルプ］ボタンをクリックすると、Autodesk のヘルプページで詳細な説明を確認することが可能です。

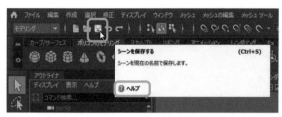

ツールチップの表示

プロジェクト設定

3DCG の作品制作では、作成しているファイル以外にも、テクスチャーマッピングのための画像やアニメーションのための効果音、動画ファイル、レンダリングによる画像の保存場所など様々なファイルとの接続が発生します。そのため Maya では、それらのファイルを扱うフォルダ構造を**プロジェクト**として作成して管理しています。

Maya の初期設定では C:¥Users¥ ユーザー ¥Documents¥maya¥projects（「ユーザー」は Maya を使用しているユーザー名）以下の default フォルダがプロジェクトの場所として設定されており、default 内の scenes フォルダにファイルが保存されます。

必ずプロジェクトの確認、または設定を行い、保存や使用されているファイルの所在を理解しましょう。

■ 既存プロジェクトの設定

メニュー：ファイル▶プロジェクトの設定を選択して「プロジェクトの設定」ウィンドウを表示し、フォルダを選択します。選択したフォルダにプロジェクトの定義ファイルが無い場合は警告のウィンドウが表示されますが、［既定のワークスペースを作成］ボタンを押して完了してください。

［既定のワークスペースを作成］ボタン

■ 新たなプロジェクトの作成

Maya のプロジェクトは default 以外にも自由に作成、設定可能です。

プロジェクトフォルダを独自に設定する場合は、メニュー：ファイル▶プロジェクトウィンドウを選択してプロジェクトウィンドウを表示します。

① ［新規］ボタンを押して「現在のプロジェクト」に任意の名前を入力します。

② フォルダアイコンをクリックして任意の場所を選択します。選択した場所に指定した名前の
フォルダが作成され、プロジェクトとして設定されます。

その他の必要なフォルダは自動で作成されます。フォルダ名は変更可能ですが、ひとまずはそ
のままで利用しましょう。

プロジェクトウィンドウ

■ サンプルファイルのプロジェクト設定

本書のサンプルファイルを利用するには、テクスチャのリンク切れなどの防止のためにもプロ
ジェクト設定を推奨します。

ダウンロードしたファイルを解凍して Maya の初期プロジェクトの保存場所である C:¥Users¥
ユーザー ¥Documents¥maya¥projects¥ フォルダ内に MayaStarterBookSbS フォルダを保存するのが
最も確実です。

他の場所への保存は、前述の「既存プロジェクトの設定」22ページ参照。

StepUP ヒント ┃ **ファイル名の日本語文字について**

Maya は、ファイル名やフォルダ名に日本語文字などのマルチバイト文字が含まれているとエ
ラーが発生する場合があります。特に、プロジェクトを構成しているフォルダ名にマルチバイト
文字が含まれていると、ファイルパスとして有効になりません。

ファイルの読み込みや書き出しができない場合は、ファイルパスを確認してください。

Maya で使用するフォルダ名やファイル名にはマルチバイト文字の使用は避けましょう。

■ **ファイルパス**

　リンク使用されたファイル、例えばテクスチャファイルなどを指定する場合、ファイルがプロジェクト内であれば、相対パスでリンクが作成されます。プロジェクト外では絶対パスとなりますので、default フォルダ以外でファイル共有する場合、他の人とファイルを受け渡しする場合には注意しましょう。

2・3　基本 UI

　3DCG ソフトウェアは、機能も多くその操作も煩雑です。

　初めて聞く言葉も多く出てくるでしょうが、いきなり覚えよう、理解しようとせずに制作に必要な操作から少しずつ身に付けてください。

方向、単位

　一人で 3DCG 作品を制作する場合はそれほどの問題は感じないかもしれませんが、3DCG 制作は思いのほかチーム作業が発生します。

　チームを組んでのアニメーションの制作の他、他の人が制作したプロップ（小物）を利用するために取り込むことを考えた場合も、ビューの方向や制作物の大きさは常に意識する必要があります。

　現在の 3DCG 制作は、原寸で制作が可能なものは原寸制作が基本となります。

　Maya は Y 軸の正方向が上、Z 軸の正方向が前、初期設定時には単位はセンチメートルに設定されており、1 グリッドが 1 cm となっています。

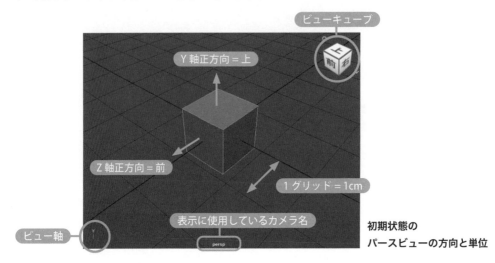

初期状態の
パースビューの方向と単位

■ ビューとオブジェクトの操作

まず 3DCG ソフトの扱いで大切なことは、3D 空間の中を自由にストレス無く動くことができ、対象をコントロールできることです。

この「動くことができ、対象をコントロールできる」には、大きく分けて次の 2 つのソフトウェア操作を含んでいます。

(1) 3D 空間の中で自由に移動できること。

(2) 3D 空間の中で対象のオブジェクトを自由に、手に持つように扱えること。

■ ビューの操作

3DCG 制作では、カメラ操作は基本となります。

Maya では、最終的な画像を作成するレンダリング用のカメラと、作業時に利用するカメラは同等のものです。しかし、初期設定の 4 つのカメラ（3 つの正投影カメラと 1 つのパースカメラ）は、作業用として利用するのが一般的です。

ビューキューブの操作

ビューキューブは Maya 2022 で再実装された、マウスドラッグやクリックで直観的にビューを操作できる UI です。Maya 利用の初心者は**ビューキューブ**を利用するのが良いでしょう。

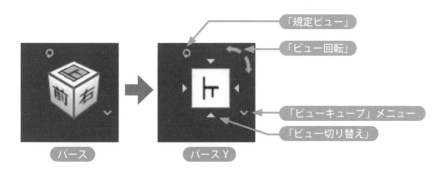

「規定ビュー」
「ビュー回転」
「ビューキューブ」メニュー
「ビュー切り替え」
パース
パース Y

パースビューでは、ビューキューブを左マウスボタンでドラッグしてカメラの操作ができます。ビューキューブの面や辺、頂点を左マウスボタンでクリックすることで、クリックした対象を正面から見る向きに視点を設定できます。

　パースビューでビューキューブの上面をクリックして「パース Y」のビューに切り替えた様子を次に示します。パースビューから切り替えた「パース Y」は正投影ではありませんので注意してください。

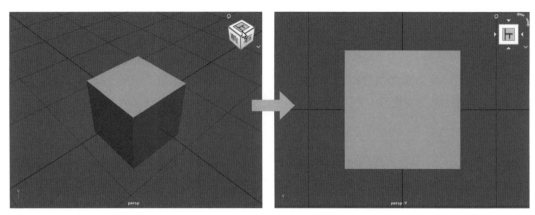

パースビューのビューキューブの上面をクリックして「パース Y」のビューに切り替え

　正投影ビューでは、ビューキューブの各三角ボタンをクリックして、他の正投影に切り替えることが可能です。マウスドラッグによるビューキューブの操作はできません。

パースビューと 4 ビューの切り替え

　[Space] を短く 1 回押すことにより、**パースビュー**（遠近の有効な立体ビュー）と **4 ビュー**（各軸方向からの正投影ビューとパースビュー）を簡単に切り替えることができます。

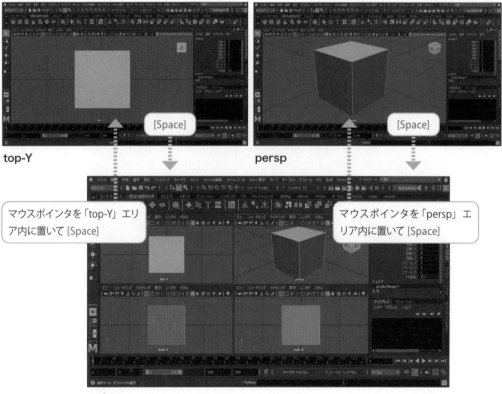

top-Y

[Space]

persp

[Space]

マウスポインタを「top-Y」エリア内に置いて [Space]

マウスポインタを「persp」エリア内に置いて [Space]

4 ビュー

ビューの回転

　[Alt] + 左マウスボタンのドラッグで、ビューを自由回転できます。

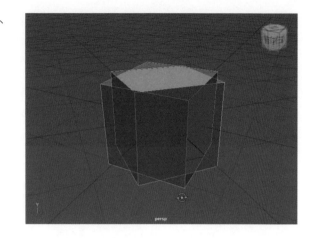

ビューのパン（ティルト）

　[Alt] + ホイールボタンのドラッグで、ビューをパン（水平方向／垂直方向に移動）できます。

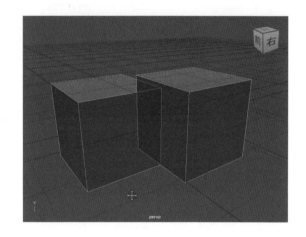

ビューのズーム

　マウスホイールの回転によってビューをズームイン／アウトできます。

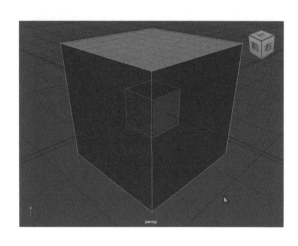

■ オブジェクトの操作

ここではオブジェクトの操作をポリゴン立方体を例に紹介します。

各操作を実際に行って、自由にオブジェクトを操作できるようにしましょう。

オブジェクトモードとコンポーネントモード

Maya では、オブジェクトの操作において非常に重要な二つのモードがあります。**オブジェクト全体を選択操作するオブジェクトモードと、オブジェクトを構成するフェース、頂点、エッジなどの要素を選択操作できるコンポーネントモードです。**それぞれのモードでなければできない操作がありますので注意してください。

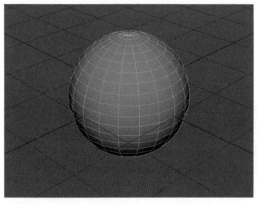

オブジェクトモードの選択

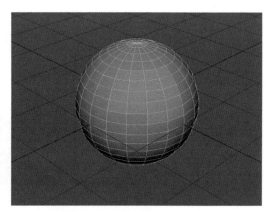

コンポーネントモードの頂点選択

非選択／選択

オブジェクトには非選択と、操作の対象となる緑色の線で表示された選択状態があります。

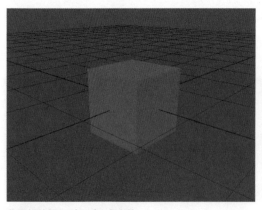

非選択状態のポリゴン立方体

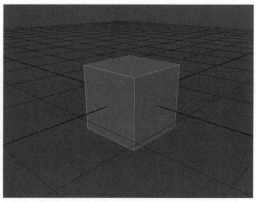

オブジェクトモードで選択されたポリゴン立方体

[Shift] を押しながらオブジェクトを左マ
ウスボタンでクリックすると、複数選択が
可能です。複数選択時には最後に選択され
たオブジェクトが緑色の線で表示され、そ
の他のオブジェクトは白色の線で表示され
ます。

Maya では選択された順序によって、設
定が影響を受けることも多いので、色に
よって表示分けされます。

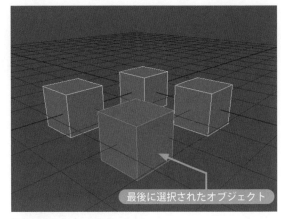

最後に選択されたオブジェクト

複数選択されたオブジェクト

選択ツール

オブジェクトモードとコンポーネントモードの各モードで対象を選択します。[Shift] を押しな
がら、選択を追加/解除できます。

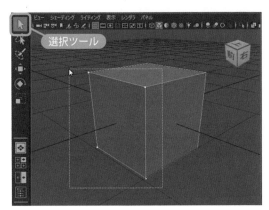

選択ツール

選択ツールで複数の頂点を選択

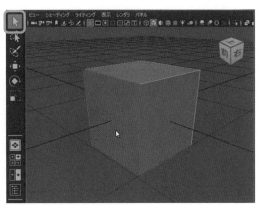

選択ツールでフェースを選択

投げ縄ツール

入り組んだオブジェクトやコンポーネン
トの選択に便利です。

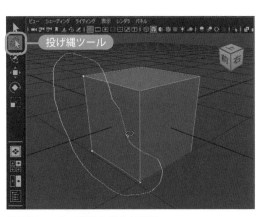

投げ縄ツール

投げ縄ツールで複数の頂点を選択

移動ツール

選択したオブジェクトまたはコンポーネントを移動します。マニピュレータをマウスで操作することによって、各軸方向の移動（矢印）、2軸方向の移動（平面ハンドル）、自由移動（中心部の四角）が可能です。

マニピュレータの操作と同期してチャネルボックスの値が変化します。チャネルボックスの入力窓に値を入力して移動することも可能です。

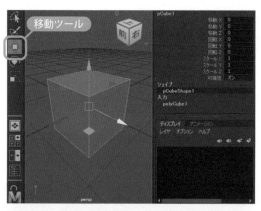

移動のマニピュレータが表示された立方体

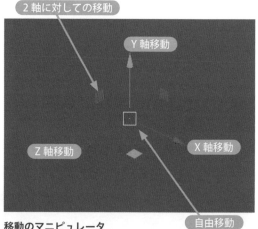

移動のマニピュレータ

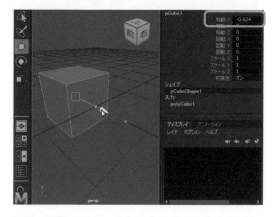

X 軸方向に移動

回転ツール

選択したオブジェクトまたはコンポーネントを回転させます。マニピュレータをマウスで操作することによって、カメラ面に対しての回転（最も外側の円）、各軸のまわりの回転（各軸色の線）、自由回転（軸以外の部分）が可能です。

マニピュレーターの操作と同期して、チャネルボックスの値が変化します。チャネルボックスの入力窓に値を入力して回転することも可能です。

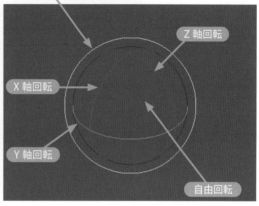

回転のマニピュレータが表示された立方体

回転のマニピュレータ

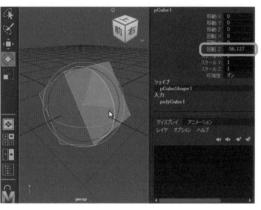

Z 軸を回転軸にして回転

スケールツール

　選択したオブジェクトまたはコンポーネントを拡大縮小します。マニピュレーターをマウスで操作することによって、各軸方向の拡大縮小（四角ハンドル）、2軸方向の拡大縮小（平面ハンドル）、比率を拘束した拡大縮小（中心部の四角）が可能です。

　マニピュレーターの操作と同期してチャネルボックスの値が変化します。チャネルボックスの入力窓に値を入力して拡大縮小することも可能です。

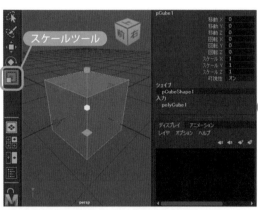

スケールのマニピュレータが表示された立方体

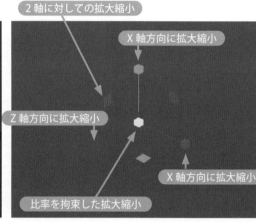

スケールのマニピュレータ

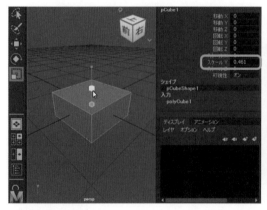

軸方向に拡大縮小

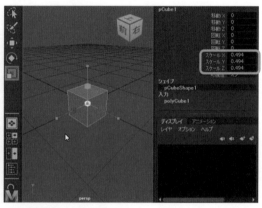

比率を拘束して拡大縮小

マニピュレータのサイズ

　マニピュレータが大きすぎて邪魔だったり、小さすぎて扱いづらいことがあれば、マニピュレータのサイズを調整しましょう。サイズの変更はテンキーの [+] と [−] によって可能です。

最後に使用したツール

ツールボックスに表示される最後に使用したツールアイコンをクリックすると、最後に使用していたツールを素早く再利用できます。

最後に使用したツールの表示

StepUP
ヒント　**ユニバーサル マニピュレータ**

メニュー：修正▶トランスフォームツール▶ユニバーサルマニピュレータまたは、[Ctrl] + [T]でユニバーサルマニピュレータのモードになります。

ユニバーサルマニピュレータでは、複数のオブジェクトをグループ化などの特別な操作を行わなくても移動や回転、スケールが可能です。

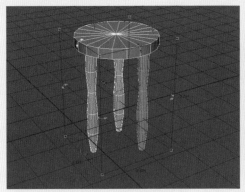

ユニバーサルマニピュレータで選択

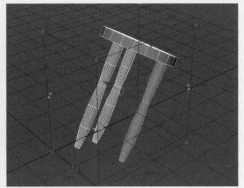

ユニバーサルマニピュレータで回転

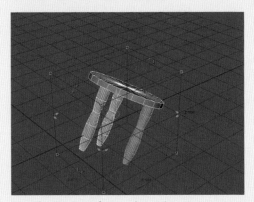

ユニバーサルマニピュレータでスケール

■ **ビューパネル（ビューポート）**

各ビューパネルには**パネルメ
ニュー**と**パネルツールバー**が配置さ
れており、オブジェクトを様々な状
態で表示することが可能です。

ここでは代表的な機能を紹介し
ます。

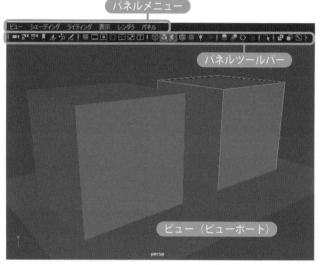

ビューパネル

パネルメニュー

パネルメニューの中で初心者でも利用すると便利な項目をいくつか紹介します。

レンダラ▶ビューポート 2.0	Maya の基本的なハードウェアレンダラによってビューパネルを表示します。通常はこちらに設定しましょう。
レンダラ▶ Arnold	ビューパネルを「Arnold」レンダリングによってリアルタイム表示します。
パネル▶パースビュー	パースカメラからのビューパネル表示に切り替えます。初期では「persp」カメラによって表示されています。
パネル▶正投影	各正投影カメラからのビュー表示に切り替えます。
パネル▶パネル	ビューパネルの表示を各ウィンドウに切り替え可能です。
パネル▶レイアウト	ビューパネルの分割を切り替えます。
パネル▶ティアオフ	現在のビューパネルを切り離すことが可能です。
パネル▶コピーをティアオフ	ビューパネルのコピーを作成します。現在のビューはそのまま残ります。

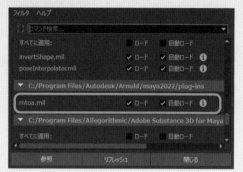

StepUP
ヒント 「Arnold」が見当たらない

「Arnold」がメニューなどに見当たらない場合は、Arnold プラグインが有効になっていないかもしれません。

メニュー：ウィンドウ▶設定 / プリファレンス▶プラグインマネージャ▶ mtoa.mll の「ロード」と「自動ロード」のチェックを有効に設定してください。

コマンド検索窓に「mtoa」と入力すると素早く見つけることが可能です。

「ロード」と「自動ロード」を有効

パネルツールバー

パネルツールバーからは主にオブジェクトの表示を中心に紹介します。

❶ カメラをロック ❸ グリッド、ゲートマスク、オブジェクトの表示設定

❷ イメージプレーン ❹ 表示

❶ **カメラをロック**：ビューで使用されている現在のカメラの移動と回転をロックします。

❷ **イメージプレーン**：モデリングなどに使用する下絵の読み込みが可能です。基本的に前（Z軸の正方向）または右（X軸の正方向）などの正投影画面より読み込んでください。

パネルメニュー：ビュー▶文字の縦位置を他の文字と合わせるイメージプレーン▶イメージの読み込みまたは、メニュー：作成▶フリーイメージプレーンでイメージプレーンを作成し、アトリビュートエディタで画像を読み込むことも可能です。

イメージプレーンを半透明にするには、チャネルボックス：アルファ値のゲインの値を「0.2」程度に設定します。（1=100%の設定）

3 **グリッド、ゲートマスク、オブジェクトの表示設定**

以下のレンダリング画像を参考に、各ビューがどのように表示されるかを確認してみましょう。なお、レンダリングのために必要なマテリアル、ライト、カメラの各設定は適宜行っています。

レンダーイメージ

グリッド、ワイヤーフレーム有効

グリッドは、ワールドに格子状に表示されるラインの表示／非表示を切り替えます。

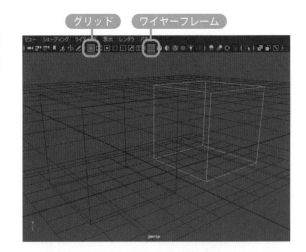

ワイヤーフレームのみ有効

グリッドを非表示に設定。

解像度ゲート、ゲートマスク、ワイヤーフレーム有効

解像度ゲートとゲートマスクを有効
にして、カメラの撮影有効範囲を表
示しています。

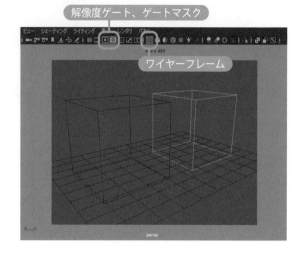

すべてをスムーズシェード有効

オブジェクトに設定されている色が
確認可能です。

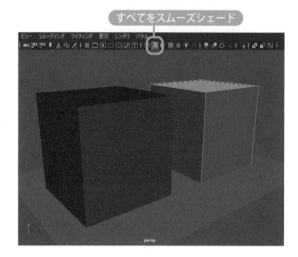

すべてをスムーズシェード、既定のマテリアル有効

既定のマテリアルでは、色を表示せ
ず、既定のグレーで表示します。

すべてをスムーズシェード、ワイヤーフレーム付きシェード有効

ワイヤーフレーム付きシェードは、
メッシュを構成するポリゴンの線を
表示します。

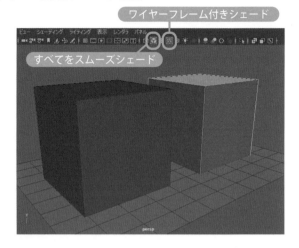

すべてをスムーズシェード、テクスチャ有効

テクスチャを有効にすることによっ
て、オブジェクトに設定されている
テクスチャが表示されます。

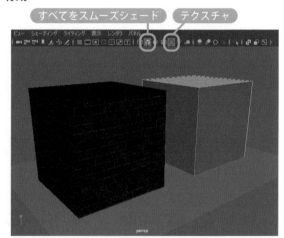

すべてをスムーズシェード、テクスチャ、すべてのライトの使用有効

すべてのライトの使用は、シーンに
設定されているライトを使用して
シーン内を照らします。

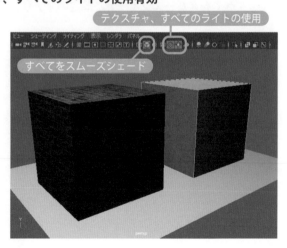

④ 表示

選択項目の分離有効

選択したオブジェクトだけを表示し、
他を非表示にします。部分的なモデ
リングの際などに便利な機能です。

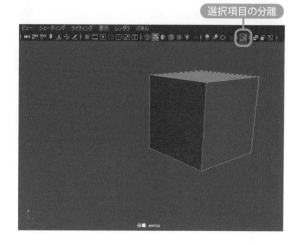

「X 線」有効

「X 線」は、ビュー内の 3D オブジェ
クトを半透過で表示します。

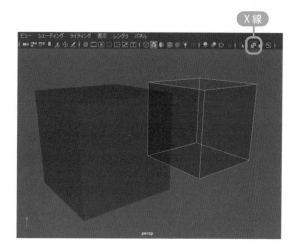

ピボット

ピボットは、通常は表示されていません
が、マニピュレータの中心となり、移動、
回転、スケールなどオブジェクトの操作の
中心となる座標です。

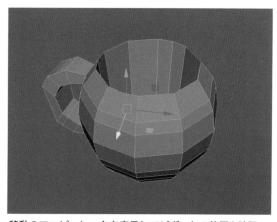

移動のマニピュレータを表示してピボットの位置を確認

■ ピボットの位置を変更する

　ピボットは、初期値ではオブジェクトの中心に設定されています。そのため、例えば回転ツールを利用してドアの開閉を行う場合などには、ピボットを編集モードにして位置を移動させる必要があります。

　ピボットの編集は**ツール設定**で可能です。メニュー：ウィンドウ▶一般エディタ▶ツール設定を選択するか、またはアイコンをクリックして「ツール設定」のウィンドウを表示します。

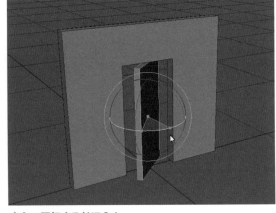

中心で回転するドア？！

　ツール設定の表示内容は選択しているツールによって変化します。ここでは、移動ツールの選択時に表示される項目からピボットの編集も含めて 4 つの機能を紹介します。

① **軸方向プルダウン**：「オブジェクト」「ワールド」「コンポーネント」他、軸方向を選択します。

② **[ピボットを編集] ボタン**：ピボットの位置、角度が変更可能になります。変更後再度、[ピボットを編集]を押して確定してください。
　[D] または [Insert] でも同様の操作が可能です。

③ **[リセット] ボタン**：ピボットをオブジェクトの中心へ移動します。

④ **トランスフォームコンストレイントプルダウン**：選択したコンポーネントをエッジやサーフェスに沿って移動させることが可能です。

移動ツール選択時のツール設定

　[ピボットを編集] ボタンを押して編集状態にしたピボットは、マウスを使って移動や回転ができます。

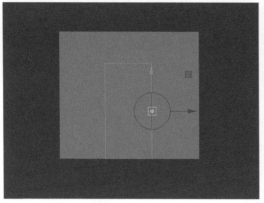

マウスでピボットを移動

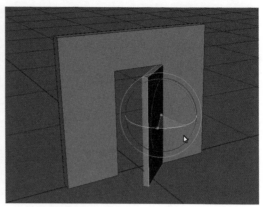

ドアの開閉が自然に！

最重要のホットキー（ショートカット）

　本書では、画面上に表示されているメニューやアイコンボタンの使用など、分かりやすい（見つけやすい）操作での説明を心がけています。しかし、ホットキー（ショートカット）を使えるようになれば作業効率は格段に上がります。まず最初に覚えておきたいホットキーを次の表にまとめました。

ホットキー

パネルの最大化⇔4分割	[Space] を押して離す。4分割した状態では、離した時にマウスカーソルが置かれていたパネルが最大化されます。
カメラのタンブル（回転）	[Alt] + 左マウスボタンドラッグ
カメラのトラック（上下左右移動）	[Alt] + ホイールボタンドラッグ
カメラのドリー（前後移動）	マウスホイールを回転
オブジェクトモードとコンポーネントモードの切り替え	[F8]
選択ツール	[Q]
オブジェクトの移動	[W]
オブジェクトの回転	[E]
オブジェクトの拡縮	[R]
全表示	[A]
選択オブジェクト表示（カメラの中心にセット）	[F]
既定のビュー（カメラをワールドの中心へ移動）	[Home]

複製 44ページ参照	オブジェクトを選択して [Shift] + [D] (複数オブジェクトを選択して同時に複製可能)
特殊な複製 45ページ参照	オブジェクトを選択して [Ctrl] + [Shift] + [D]

■ ホットボックス

[Space] を押すと、マウスポインタ位置に**ホットボックス**が表示されます。

ホットボックスを利用すると、ビューやメニュー操作がその場で行えます。次に示す画面では、ホットボックスから「前面ビュー」に切り替える操作を行っています。

ホットボックスを使うとすべてのメニュー操作がその場で行える

■ マーキングメニュー

ビューのオブジェクト上で右マウスボタンを押すと、**マーキングメニュー**が表示されます。マーキングメニューの項目は、選択されているオブジェクトの状態（何の上で右マウスボタンを押しているか）で変化します。

例：何も無いところで Shift キーを押しながら右マウスボタンを押す。

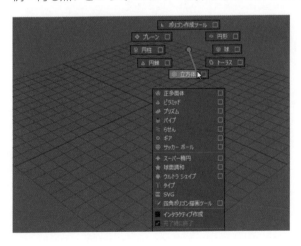

何も選択せずにマーキングメニューから「ポリゴン立方体」の作成を選択しています。

例：ポリゴン立方体を選択した状態で右マウスボタンを押す。

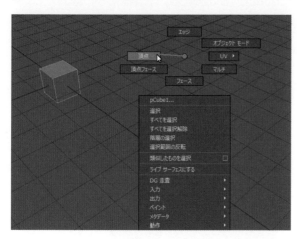

ポリゴン立方体を選択した状態で、マーキングメニューから「頂点」編集モードを選択しています。

例：ポリゴン立方体を選択した状態で Shift キーを押しながら右マウスボタンを押す。

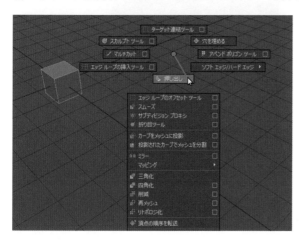

ポリゴン立方体を選択した状態で、マーキングメニューから「押し出し」操作を選択しています。

ホットキー

ホットボックスを表示	[Space] を押す
選択オブジェクト編集 マーキングメニュー	右マウスボタンを押す
ポリゴン編集 マーキングメニュー	[Shift] + 右マウスボタンを押す

演習「家：House」の作成

　Maya の基本的な UI 操作練習のために、ポリゴンプリミティブだけを使って「家:House」を作成してみましょう。「家：House」と言っても形は自由です。どの様なデザインでもかまいません。イメージを膨らませてください。

　使用する主な機能は「ビューキューブによる操作」、「ホットキーによるビューの操作」、「オブジェクトの操作」、「チャネルボックスの確認と設定」、「オブジェクトの表示形式」、「複製」などです。

● UI 操作練習のための制作です。気楽にビューやオブジェクトを操作しましょう。

● 操作に行き詰まり、不都合がおこった場合は「元に戻す [Ctrl] + [Z])」です。

● ツールでオブジェクトを動かすと、同時にチャネルボックスの位置や回転角度の表示も変化します。軸方向を確認して数値入力も可能です。

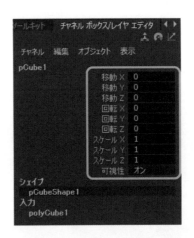

● グレー一色の表示ではオブジェクトの形が分かりづらいので、**ワイヤーフレーム付きシェード**で辺を表示させると良いでしょう。

● 同じ形のオブジェクトをいくつも作りたい場合は、[Shift] + [D] またはメニュー：編集▶複製で複製することができます。複製されたオブジェクトは複製元と同じ場所に選択状態で作成されますので、見失わないように移動しましょう。

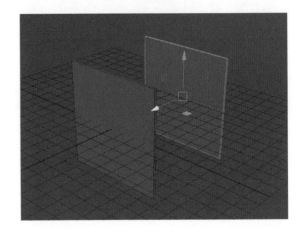

StepUP
ヒント　**特殊な複製**

Mayaでの「複製」物には**コピー**と**インスタンス**の2種類があります。

通常の「複製」([Ctrl] + [D])は「コピー」複製となり、同じオブジェクトを何百、何千と作成（複製）するとその数に比例してデータ量が多くなります。

一方、メニュー：編集▶特殊な複製では、位置、角度、スケール、数などを指定して「コピー」と「インスタンス」のどちらかを選んで複製ができます。

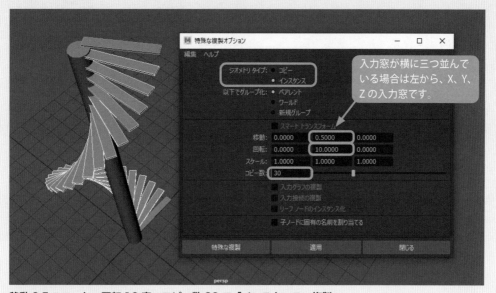

移動0.5ユニット、回転10度、コピー数30で「インスタンス」複製

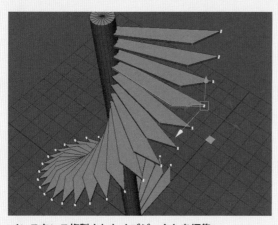

「インスタンス」は元を共有する複製方法です。元が同じオブジェクトなのでデータ量が多くなりません。また、1つを編集すると他のすべてが同時に編集されます。

インスタンス複製されたオブジェクトを編集

立方体と円柱、円錐で作った「家」の作成例

制作での気付きは何でもメモ！

Step 3

ポリゴンモデリング

3D 制作の基本ともなる最初のステップは、形状を作成する
モデリングです。

この Step では Maya によるポリゴンモデリングの基礎を学
びます。

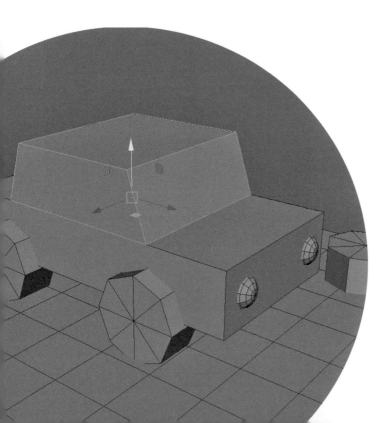

3・1 モデリングの種類

3DCG におけるモデリング方法は、**ポリゴンモデリング**と**カーブモデリング**に大別することができます。

どのようなモデリング方法を利用するかは、各自の慣れや作成する際の手順によりケースバイケースです。

■ ポリゴンモデリング

ポリゴンモデリングは、**ポリゴン**で構成された**メッシュ**の、頂点、エッジ、フェースを編集することによって形状を作成する手法です。自由に形状を作成でき、テクスチャマッピングの自由度も高いので、モデリングの基本となります。

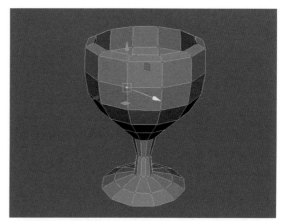

ワイングラスのポリゴンモデル

ポリゴンモデリングの手法の一種として、粘土を扱うように形状を編集するスカルプトモデリングがあります。Maya にはそのためのインターフェースが用意されています。また、スカルプトモデリング専用の 3D ソフトウェアとしては「ZBrush」などが有名です。本書では説明を割愛します。

スカルプトモデリング

3·2 ［演習］グラスのモデリング

ポリゴンモデリングの基本練習として、グラスのモデリング方法を順を追って紹介します。

サンプルファイル

mayaStarterBookSbS¥scenes¥Step03¥glass_1.mb 〜 glass_3.mb

■ ワークフロー

(1) 画面と作業単位の確認

(2) プロジェクトの確認と設定

(3) モデリングの完成イメージを確認

(4) モデリング

(1) 画面と作業単位の確認

メニューの「メッシュ」関係が直接「ポリゴンモデリング」に関係する項目です。

シェルフの「ポリゴンのモデリング」タブを選択すると、ポリゴンモデリング関係のオレンジ色のアイコンが並びます。

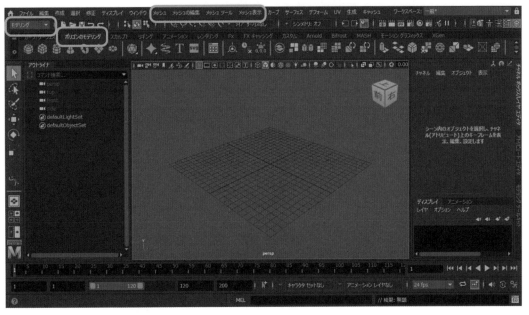

「ポリゴンのモデリング」タブを選択

次に単位の確認をしましょう。

3DCG でモデリングを行う場合は、可能な限り原寸で行うように習慣付けます。

Maya の既定の長さの単位はセンチメートルです。画面上の 1 グリッドが 1 センチメートルに相当し、作成したポリゴンプリミティブの立方体の幅、高さ、奥行きなどの「1」の値は 1 センチメートルを意味しています。

「プリファレンス」で単位の確認

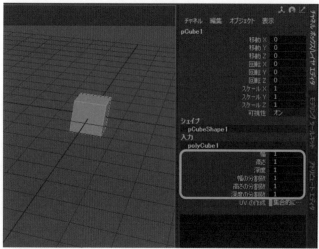

初期値の「プリミティブ」は
1 センチメートル四方の立方体

(2) プロジェクトの確認と設定

グラスのモデリングのためのプロジェクトは、初期設定場所を利用し、作成したモデルデータ（MB ファイル）は初期設定場所の scene フォルダに保存します。

変更が必要な場合は、メニューから「プロジェクトの設定」を行ってください。

（3）グラスの完成イメージを確認

非常にシンプルなグラスのモデリングですが、重要な操作がいくつも使われています。

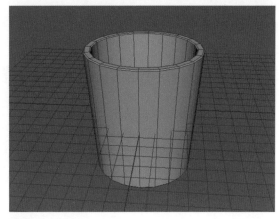

完成したグラス

（4）モデリング

モデリングの手順の概要は以下となります。

（4-1）プリミティブの作成

（4-2）グラスの形状へ加工

（4-3）仕上げ

■（4-1）プリミティブの作成

プリミティブとは、ポリゴンモデリングのために用意されている、文字通り「原始的」なオブジェクトです。作成する対象のモデリングに適したプリミティブを選んで利用します。モデリングにどのプリミティブを選ぶかは制作者の経験と趣向によって変化します。

グラスのモデリングでは、プリミティブに円柱を使用します。

円柱のプリミティブを選択

　ワールドの中心に円柱のプリミティブが作成されます。**チャネルボックス：入力▶ polyCylinder1** をクリックして設定を表示してください。

　「polyCylinder1」は、作成したプリミティブに自動でつけられる名前です。数字の部分が少し違っても気にしないでください。

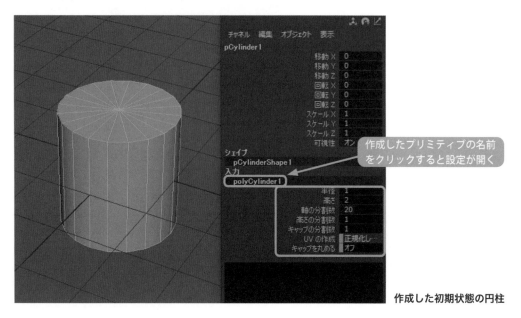

作成した初期状態の円柱

StepUP
ヒント **設定のリセット**

作成されるプリミティブはオプションによる設定が反映されます。ここまでの説明と同じ操作を行っても作成されるプリミティブの様子が違っている場合は、「設定のリセット」を試しましょう。

メニュー項目の右端に表示される□マークをクリックすると、そのツールのオプションが表示されます。このパネルでは様々な設定が可能ですが、メニュー：編集▶設定のリセットを選択すると、変更された値が初期設定値にリセットされます。

オプションを開く（メニュー項目の右端に表示される□マークをクリック）

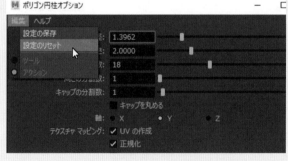

「設定のリセット」による値の初期化

Maya 2023 ではオプションアイコンのデザインが少し変更されました。

　直径 8 センチ、高さ 8.5 センチのグラスを想定して、円柱の設定となるチャネルボックスの「polyCylinder1」の半径に「4」、高さに「8.5」、キャップの分割数に「2」を入力します。

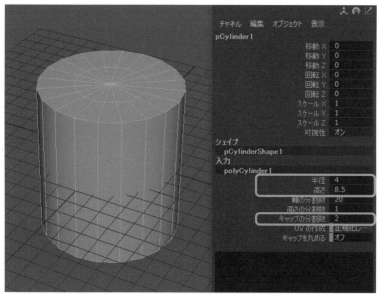

値を設定

StepUP ヒント　**高さのベースライン**

　Maya 2023 の新しいアトリビュート「高さのベースライン」は、−1 〜 1 の数値入力により「ピボット」位置を調整し「Y 軸」のゼロ地点にオブジェクトを接地します。

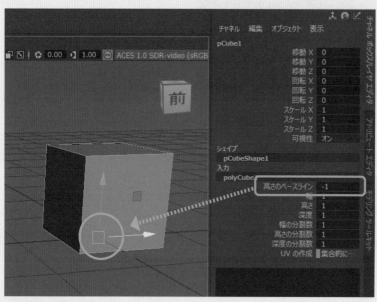

立方体が地面に接地した

　次に、**エッジ**の選択モードに切り換えます。「モデリングツールキット」パネルでコンポーネントモデルをエッジ選択モードに切り替えるか、または、オブジェクトを選択した状態で右マウスボタンを押して**マーキングメニュー：エッジ**を選びます。

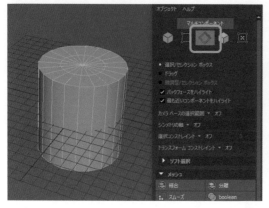

モデリングツールキットでエッジ選択モードに切り替え

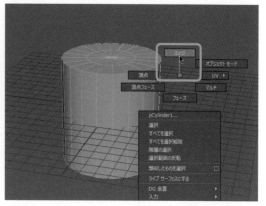

マーキングメニューでエッジ編集モードに切り換え

　円柱プリミティブを加工してグラスの形にしましょう。

　いくつかの手順が考えられます。ここではグラスの厚みを設定し、その厚みの内側の面を**押し出し**ツールによって、グラスの形状となるように加工します。

　円柱の設定でキャップの分割数に「2」を入力したのは、内側のエッジを利用してグラスの厚みを設定し、押し出しを行うためです。

　内側のエッジをマウスでダブルクリックしてループ選択します。

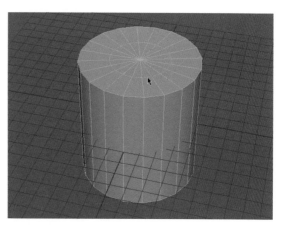

内側のエッジをループ選択

StepUP ヒント　　ループ選択

　メッシュを構成するポリゴンのフェース、頂点、エッジがつながった状態で構成されていることを**ループ**と言います。一般的に、ループ状に選択できる構造は扱いやすくきれいなメッシュと言われています。

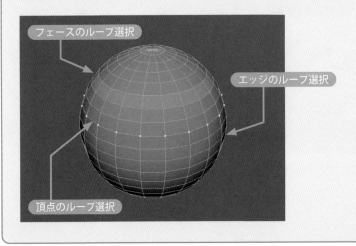

ホットキー

エッジのループ選択	左マウスボタンでダブルクリック
頂点またはフェースのループ選択	1つ目の頂点またはフェースを左マウスボタンでクリックし、[Shift] を押しながら隣り合った頂点またはフェースを左マウスボタンでダブルクリック

　次に、選択したエッジをスケールツールで拡大します。スケールツールはツールバーまたはホットキーで選びましょう。

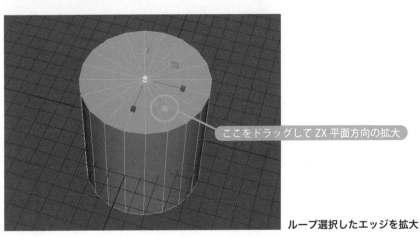

ループ選択したエッジを拡大

拡大する大きさはおおよそでかまいません。グラスの厚みをイメージして決めましょう。

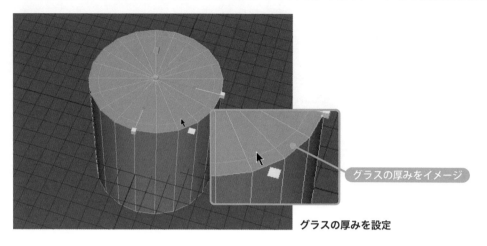

グラスの厚みをイメージ

グラスの厚みを設定

ファイル保存

　ここで一旦、ファイルを保存しましょう。

　Maya で一般的な 3D 作品を制作している場合、ファイルの保存は、シーンを MB 形式（Maya バイナリー形式）または MA 形式（Maya アスキー形式）のファイルで保存することとなります。

　メニュー：ファイル▶シーンを保存を選択します。

PC 上の保存先を確認

default プロジェクト内の scenes フォルダに保存される

保存場所を必ず確認！

　初期設定では ¥projects¥default 内の scenes フォルダが選択されています。ファイルが迷子にならないように、設定されているプロジェクトの場所を良く確認して、任意のファイル名を付けて保存してください。通常は MB 形式の Maya バイナリーを選択します。ファイル名は半角英数で名付けましょう。

メニュー：ファイル▶増分して保存は、作業中のファイルに連番を付けて別名保存します。バージョンを上げながら制作を進める場合などに便利な保存方法です。

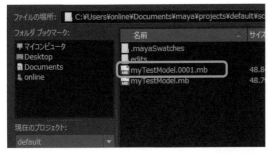

連番の付けられたファイルが保存される

メニュー：ファイル▶シーンのアーカイブは、保存ファイルに必要な関連ファイル（テクスチャなど）フォルダ構造も作成して ZIP 圧縮保存します。作品の保存や他の人にファイルを渡す場合などに便利な方法です。

なお、ZIP 圧縮ファイルはすでに保存されている MB ファイルと同じ場所に作成されます。

StepUP ヒント　　読み込み／書き出し

　3D ソフトウェアの世界には様々なファイル形式があります。

　Maya での作業時は「MB」や「MA」形式での保存が最適ですが、他の 3D ソフトウェアとのファイルのやり取り時には、ファイルを Maya 形式以外で書き出し／読み込みが必要となります。

　以下は代表的な 3D ファイル形式です。

形式（拡張子）	概要
FBX（.fbx）	Autodesk 社のファイル形式です。 マテリアル、リグ、アニメーションデータをワンパッケージで保存可能なバイナリ形式ですが、自由度が高いのでソフトウェアによって再現性に違いが生じます。 広く普及していますので先ずは FBX でのファイルの受け渡しを試しましょう。
OBJ（.obj）	Wavefront Technologies が開発したファイル形式です。 テキスト形式のジオメトリ（形状）データなので、マテリアルデータなどは外部ファイルとなります。
STEP（.stp、.step）	CAD で利用される国際標準化機構（ISO）によって定められたファイル形式です。 CAD ソフトウェアとの 3D データの受け渡しに利用が進んでいます。
STL（.stl）	3D プリンターでの利用シーンでは現在標準と言えるファイル形式です。
glTF（.gltf、.glb）	比較的新しいオープンソースの 3D ファイル形式です。 Maya では取り扱えませんが、無料のプラグインがリリースされています。

■（4-2）グラスの形状へ加工

　エッジの拡大ができたら、いよいよ押し出しツールを使ってグラス形状へ加工します。

　押し出しを行うために**フェース**の選択モードに切り替えます。モデリングツールキットやマーキングメニューを使って、エッジ選択モードに切り替えた時と同様に行ってください。

　スケールツールのままだと選択しづらいので、選択ツールに切り替えましょう。

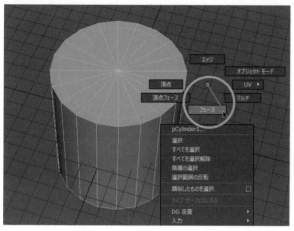

**マーキングメニューによる
フェース選択モードへの切り替え**

　上部内側のフェースだけを選択します。[Shift] を押しながら必要なフェースを連続的にマウスクリックで加えて選択します。

　間違ったときは [Ctrl] + [Z] で操作を元に戻しましょう。

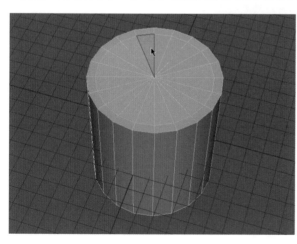

上部内側のフェースをすべて選択

　効率よく選択を行うには経験と少しばかりのコツが必要です。「モデリングツールキット」パネルには「カメラベースの選択範囲」という設定があり、選択を行った場合の動作を次のように切り替えることができます。

- オン：前面の見えている側のみが選択される。
- オフ：背面も選択される。
- 自動：スムーズシェードなど背面の見えない表示では前面のみ選択され、ワイヤーフレーム表示では背面も選択される。

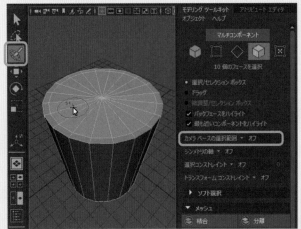

選択範囲ペイントツール

　押し出しは、モデリングツールキットの[押し出し]ボタンをクリックするか、または、メニュー：メッシュの編集▶押し出しから行います。

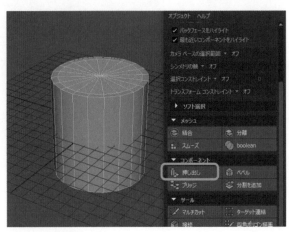

押し出しを選択

押し出しツールが画面に表示されたら、下方向に押し出しを行います。少し見づらいので、ビューを「front-Z」からの正投影に切り替え、オブジェクトをワイヤーフレーム表示にします。

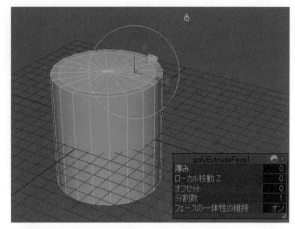

「押し出し」ツール

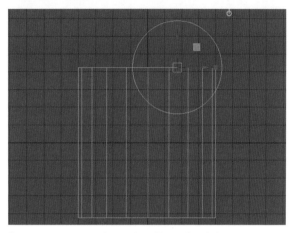

「front-Z」からの正投影に切り替えて真下方向へ
押し出しを行う

グラスの底に厚みを作るイメージで押し出しましょう。

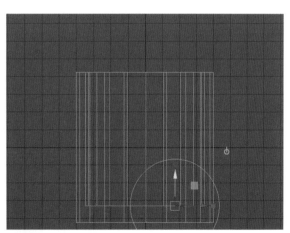

グラスの底に少し厚みを残す

以上で、シンプルなグラスの形状ができました。

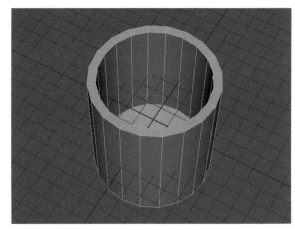

グラスの形状をパースビューで確認

StepUP ヒント 「押し出し」には気を付けよう

　モデリング初心者に多い不都合オブジェクトの多くはコンポーネント（エッジやフェース）の重複です。

　特に押し出しは初心者でも良く利用する機能ですが、作業に失敗し [Ctrl]+[Z] で作業を戻す際に十分に戻していなかったため、フェースが既に作成されていることに気付かずに作業を続けていることがあります。

　押し出しに失敗した時は、チャネルボックスの入力の「押し出し」項目が消えるまで作業を戻しましょう。

このままでも良いのですが、少しシンプル過ぎますので底部を狭めてさらに形を追及します。

頂点を修正したいので、コンポーネントモードの頂点選択モードに切り替えます。

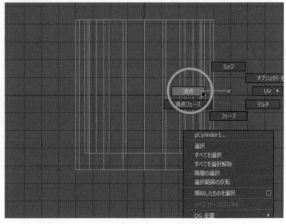

マーキングメニューで頂点選択モードに切り替え

選択ツールで底部の頂点をマウスドラッグで選びます。

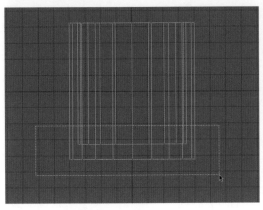

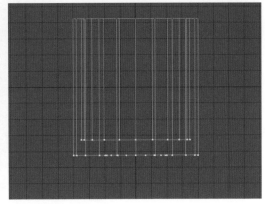

選択ツールで底部の頂点を選択　　　　　　**頂点が選択された状態**

選択された頂点をスケールツールで縮小しますが、必ず中心をつかんで縮小してください。

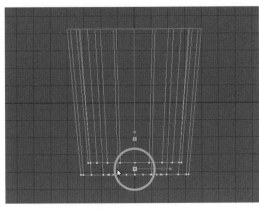

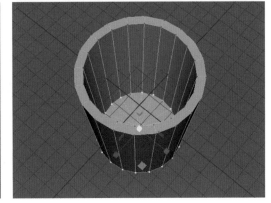

中心をドラッグして縮小

一方向に縮小すると楕円形に変形してしまいます。

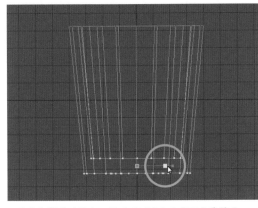

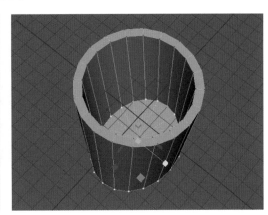

一方向に縮小すると、うまくできたようでも失敗！

パースビューで縮小する場合は XZ 平面
の縮小です。

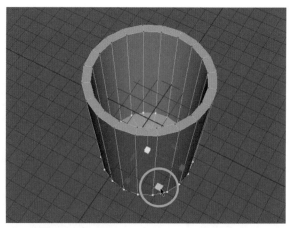

XZ 平面のハンドルで縮小

■ **(4-3) 仕上げ**

全体的な形が完成すれば、最後に仕上げのベベル加工です。

ベベルは選択した箇所の角を斜めに切る加工で、**角落とし**や**面取り**などとも呼ばれます。

3DCG ではベベル加工は非常に多用されます。現実の世界でも、怪我を防いだり角の形状を保
護するなどの理由で、ほとんどの工業製品にベベルが存在します。「人間が作ったものにはすべて
ベベルがある！」とも言えるでしょう。3D オブジェクトをリアルに作成するためにも必須の設定
です。

ベベルはフェースや頂点、エッジに設定可能ですが、初心者はエッジへの設定が感覚的にも理
解しやすいでしょう。

まずは、グラス上部の内側と外側の角
に同時にベベルを設定するために、[Shift]
を押しながら両方のエッジをダブルク
リックしてループ選択します。

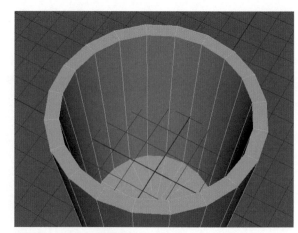

上部の二つのエッジを選択

ベベルの設定は、メニューとモデリングツールキットからの適用が可能です。ここではモデリングツールキットの「ベベル」を適用します。

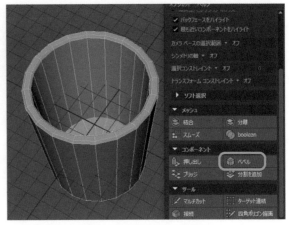

モデリングツールキットの［ベベル］ボタン

ベベルを適用した後には、ベベルの設定が必要です。

設定は、ベベル適用時に表示される設定パネル、またはチャネルボックス、アトリビュートエディタのどちらからでも行うことができます。本書では、設定パネルの割合に「0.6」、セグメントに「2」を入力しました。

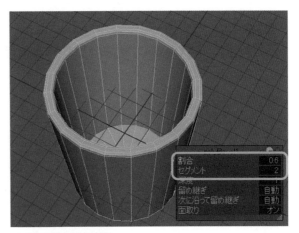

ベベルの設定値の変更

同様に底部のエッジにもベベルを設定しますが、こちらの値は割合に「0.1」、セグメントに「2」を入力しました。

ベベルの割合はフェース距離に対しての相対設定なので、上部のベベル設定とは違った値となります。もちろん、本書と同じ数値に設定する必要はありません。自分の感覚を大切にして自由に設定してみましょう。

最後に、グラス内部のエッジにもベベルを設定します。割合に「0.1」、セグメントに「3」を入力しました。

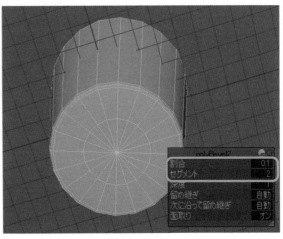

底部のエッジにベベルを設定

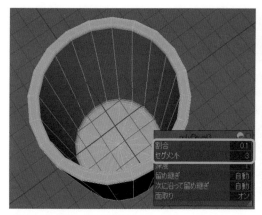

底部のエッジにベベルを設定

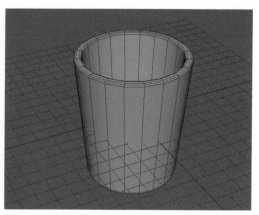

底部のエッジにベベルを設定

この Step では、シンプルなグラスの作成作業を通して、Maya によるポリゴンモデリング操作の基本を解説しました。

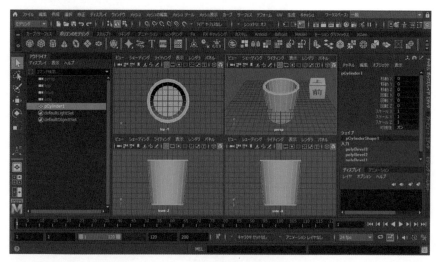

完成したグラスの
4 画面表示

■ モデリングツールキット

最後に、**モデリングツールキット**で利用できる機能の一部を簡単にまとめます。モデリングツールキットは、メニューに隠れているポリゴンモデリングに便利な機能を素早く利用できるように集めたウィンドウです。

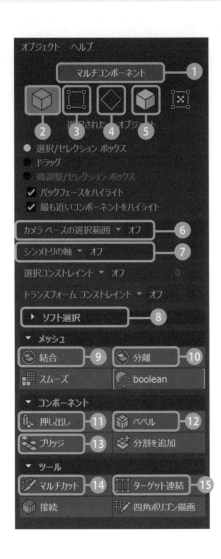

1 **マルチコンポーネント**：選択オブジェクトの
フェース、頂点、エッジを同時に選択可能となり
ます。

2 **オブジェクトモード**：選択オブジェクトを「オブ
ジェクトモード」に切り替えます

3 **頂点選択**：選択オブジェクトを「頂点選択モード」
に切り替えます

4 **エッジ選択**：選択オブジェクトを「エッジ選択モー
ド」に切り替えます

5 **フェース選択**：選択オブジェクトを「フェース選
択モード」に切り替えます

6 **カメラベースの選択範囲**：ビューポートに表示さ
れている側（カメラ側）のみのコンポーネント
（フェース、頂点、エッジ）を選択します。

7 **シンメトリの軸**：軸に対して、選択したコンポー
ネント（フェース、頂点、エッジ）の鏡面編集が
可能となります。

8 **ソフト選択**：選択の有効範囲をオブジェクトやコ
ンポーネント単位で設定できます。
知らずに有効に設定されていると「選択」の状態
が思っているものと違ってきますので注意してく
ださい 216 ページ参照 。

9 **結合**：複数のメッシュ オブジェクトを選択して一つに「結合」します。

10 **分離**：複数のメッシュ オブジェクトからなる対象を選択して個別に「分離」します。

11 **押し出し**：選択したコンポーネント（フェース、頂点、エッジ）を押し出します。

12 **ベベル**：選択オブジェクトまたはコンポーネント（フェース、頂点、エッジ）にベベル（面
取り）を行います。

13 **ブリッジ**：選択されたエッジとエッジ、または、フェースとフェースの間にメッシュを作成
して繋ぎます。

14 **マルチカット**：選択されたオブジェクトに頂点やエッジを増やしたり、ループ状態にカット
します。

15 **ターゲット連結**：頂点と頂点、または、エッジとエッジを左マウスボタンのドラッグで繋ぎ、
一つにします。

自由な発想が一番大事。

Step 4

カーブ／サーフェスモデリング

この Step では、Maya による「カーブ／サーフェス」を利
用した効率の良いモデリングを学びます。
試しに使ってみると、ポリゴンモデリングとは違った可能性
も感じるはずです。

4・1 カーブ、サーフェスとは

Maya で利用可能なカーブには、**NURBS カーブ**と**ベジェカーブ**があります。どちらもカーブを記述する数学的手法です。

本書では、比較的クリエイティブな分野での利用機会の多いベジェカーブを使用します。

なお、NURBS カーブは描画方法の違いにより **CV カーブ**と **EP カーブ**に分けられますが、ベジェカーブの編集にも「CV」を使用します。

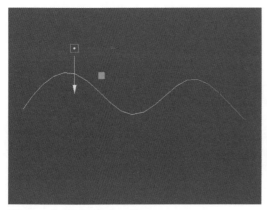

EP カーブ（NURBS カーブ）

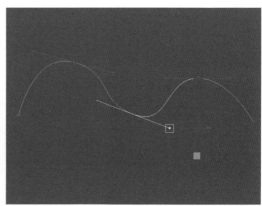

ベジェカーブ

カーブは、それ自体がレンダリングされるものではなく、モデリングのツール、キャラクターリグ、アニメーションのための軌道などに利用されます。

一方、**サーフェス**はレンダリング対象となるオブジェクトで、NURBS によって作成されています。

「カーブ／サーフェス」は作成されるエッジや面が非常に滑らかである反面、モデリング可能な形状には制限があり、テクスチャマッピングなどに対しての制約もあるためにポリゴンモデルへの前作業としても利用されます。

一般的なモデリングには、カーブからサーフェスを作成してポリゴンに変換するといった制作の流れがあります。

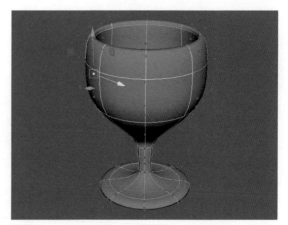

サーフェスモデリング

ベジェカーブによる描画スキルはクリエイティブワークの世界では必須の技術です。使った経験の無い人はこの機会に体験してみましょう。

4·2 ［演習］コーヒーカップのモデリング

　カーブ／サーフェスモデリングの基本練習として、コーヒーカップのモデリングを順を追って紹介します。

サンプルファイル

> mayaStarterBookSbS¥scenes¥Step04¥coffeeCup_1.mb 〜 coffeeCup_4.mb

■ **ワークフロー**

- （1）画面の確認
- （2）完成モデルの確認
- （3）ベジェカーブでカップを作成
- （4）NURBS 円で持ち手を作成
- （5）修正

（1）画面の確認

　シェルフの「カーブ／サーフェス」タブを選択すると、カーブ／サーフェス関係の水色のアイコンが並びます。

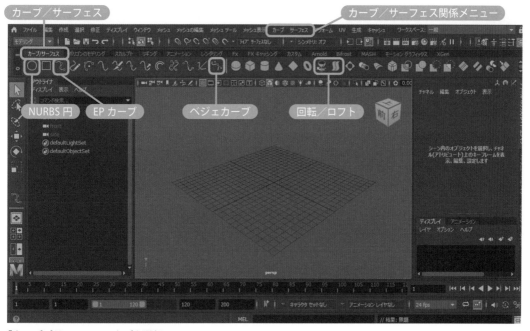

「カーブ／サーフェス」タブを選択

■ (2) 完成モデルの確認

　まずは、コーヒーカップの完成モデルを
確認してみましょう。

　カップ本体はポリゴンモデリングでも可
能ですが、滑らかな持ち手をポリゴンで作
成するには少し手間がかかりそうです。

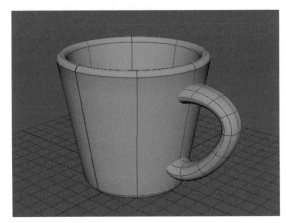

完成したコーヒーカップ

■ (3) ベジェカーブでカップを作成

ビューを「side-X」からの正投影に切り替えます。

ビューキューブの「前」をクリックした画面は正投影ではありませんので注意しましょう。

　カーブの描画は基本的に正投影ビューで行います。

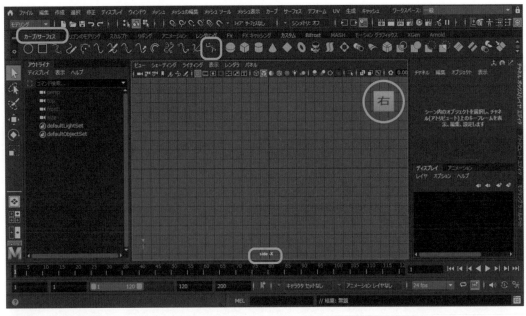

side-X からの正投影

ベジェカーブでカップの断面を半分描く

　コーヒーカップのカップ部分のモデリングは、断面を半分描き、回転させて全体を作成します。通常のビュー操作が可能です。細かい部分を描くときはマウスホイールでズームして描きましょう。

❶ ワールドの中心あたりをクリックして**アンカー**を打ちます。

❷ コーヒーカップの底部を作成するように、左側に次のアンカーを打ちます。

　このとき曲線を描きたいので、左マウスボタンでドラッグして**接線**を出します。

❸ 少し左上に再度アンカーを打ち、左マウスボタンでドラッグして接線を出しながらカーブを作成します。

　失敗しても心配しないでください。少々ガタガタしても最後まで描きましょう。カーブは後からでも修正できますので、接線だけはしっかりと出しておくようにしましょう。

　カップの縁にきたら、厚みを作るために内側に折り返して描きます。

　「接線」を出した部分は曲線になります。斜め上、頂点、内側と描きます。左マウスボタンのドラッグで少しでも接線を出しておくと後から修正可能です。

　最後は内側の面を描くように、底部の角に丸みを作り、中心で左マウスボタンをクリックします。

　以上でカップの断面が作成されました。カーブを手直ししたい人は「StepUP ヒント：カーブの修正」を参考にしてください。

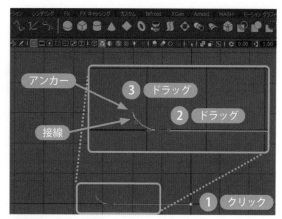

中心から左に

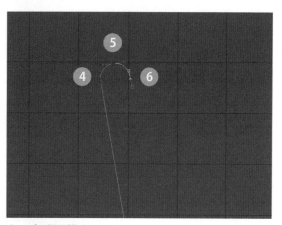

カップの縁を描く

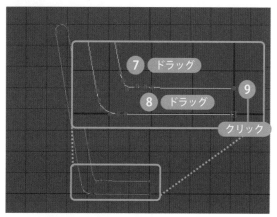

カップの断面が完成

カーブの修正

　カーブやサーフェスの利点は、滑らかな形状の作成と、修正が容易にできることです。

　ベジェカーブは**アンカー**（固定されたポイント）と**接線**（曲線をコントロールする線）で構成されています。

　ここでは、描画後の修正方法を簡単に紹介します。

　オブジェクトモードでカーブを選択して、右マウスボタンを押して**マーキングメニュー：CV** を選択します。

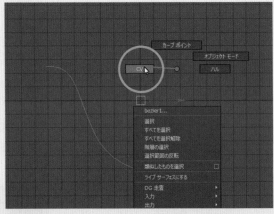

マーキングメニューから「CV」を選択して編集

　編集モードになったカーブは、アンカー（固定されたポイント）を「移動」ツールで移動させることによって位置を変化させることができます。

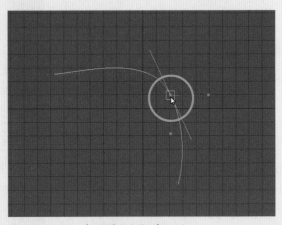

アンカーはカーブの固定されたポイント

接線（曲線をコントロールする線）の先端を「移動」ツールで移動させることによって、曲線の強さと方向を制御可能です。

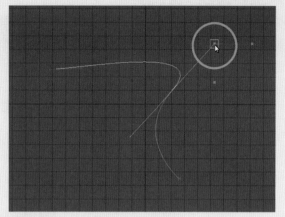

曲線の強さと方向を制御する「接線」

一旦切れてしまったカーブは、アンカーをクリックすることによって続きが描けます。

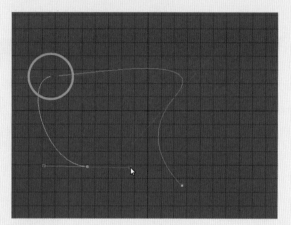

最後のアンカーからさらにカーブを描く

カーブの描画を終了したい場合は、選択ツールをクリックしましょう。

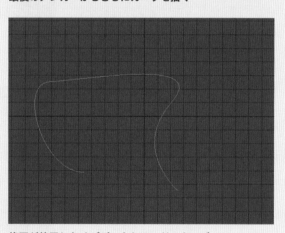

修正が終了したオブジェクトモードのカーブ

回転のために中心位置を修正

　少しだけこだわりたいポイントは、回転軸の中心となる位置にアンカーを配置することです。

　初期値では Y 軸を中心に回転しますので、コーヒーカップの真ん中に穴が空かないようにアンカーをピタリと Y 軸に位置合わせします。

　右マウスボタンを押して**マーキングメニュー：CV** を選択し、カーブの編集を行います。

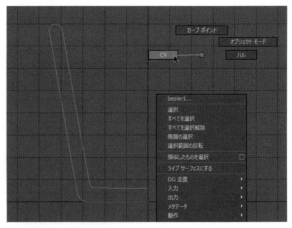

「**CV**」でカーブの編集モード

　グリッドスナップを有効にして、アンカーを X 軸方向にだけ移動させて中央にスナップさせます。グリッドスナップは、背景のグリッドに操作対象を吸着させる機能です。

　一度大きく動かしてから、中央に吸着させるのがコツです。

　「スナップ」はよく利用する機能です。この吸着の感覚を身につけましょう。ちなみに、グリッドスナップ以外にも便利なスナップ機能のボタンが右横に並んでいます。

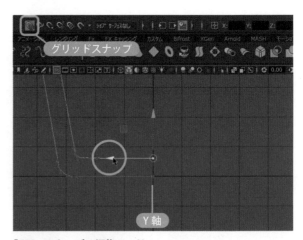

「**CV**」でカーブの編集モード

　中心が設定できれば、いよいよ回転です。操作は簡単で、オブジェクトモードに変更してシェルフの［回転］ボタンを押すだけです。

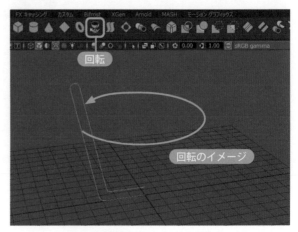

パースビューで全体確認

回転は一瞬で終わります。カップの部
分はこれて完成です。

できあがったカップが真っ黒に表示さ
れる場合は面が裏返っているので、メ
ニュー：サーフェス▶方向を反転を選択し
て面を反転してください。

「回転」の設定が初期設定のままでした
ら問題は起こりにくいでしょうが、どう
も形が変な場合はメニュー：サーフェス
▶回転のオプション（右端の□マーク）を
クリックして「回転」の設定を確認しま
しょう。

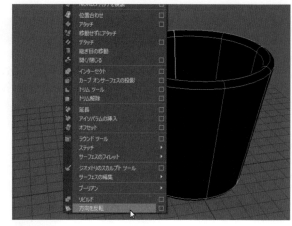

真っ黒なカップは「方向を反転」！

重要な部分は次図の枠囲みの部分です。回転オプションのメニュー：編集▶設定のリセットを
行い、［回転］ボタンまたは［適用］ボタンを押すのが簡単でしょう。

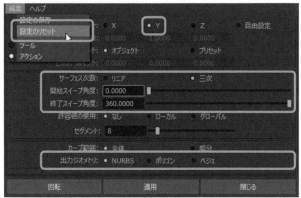

回転オプションの設定

カップが完成すればファイルを保存して「持ち手」の制作に進みましょう。

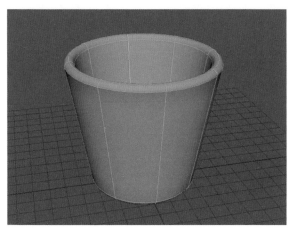

完成したカップ

StepUP ヒント 「回転」後も修正ができる！

サーフェスをカーブで作成すると、後から修正するのも簡単です。

アウトライナにはシーン内のすべてのオブジェクトが表示されます。作成したカーブと、それを回転して生成されたサーフェスも確認できます。

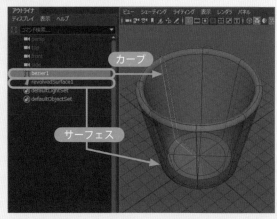

アウトライナでカーブを選択

カーブを選択して右マウスボタンを押し、マーキングメニュー：CV を選択してください（シーン内のカーブはアウトライナを使うと確実に選択できます）。

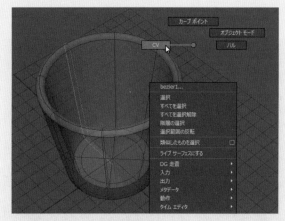

マーキングメニュー：CV を選択

試しに、アンカーや接線を編集してみましょう。

ベジェカーブの編集がそのまま回転により作成されたサーフェスにも影響します。

実は、カーブだけでなく生成されたサーフェスそのものも編集可能なのです。

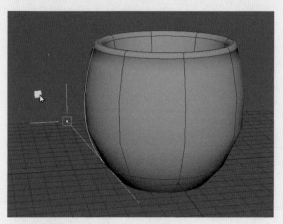

カーブを編集するとサーフェスも変わる

■ (4) NURBS 円で持ち手を作成

持ち手の制作はベジェカーブの扱いに悩まされることはありませんが、少し手順が複雑になります。

持ち手の基本的な形状は 3 つの NURBS 円をつなげて作成します。

まず、パースビューでシェルフの「NURBS 円」をクリックして円を作成します。

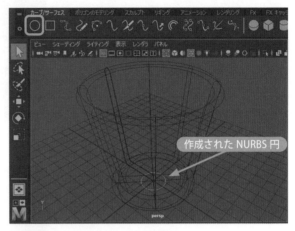

NURBS 円が作成されたことを確認

作業のために、ビューを「side-X」からの正投影に切り替えます。

side-X からは作成された NURBS 円が見えませんが、アウトライナで選択しましょう。

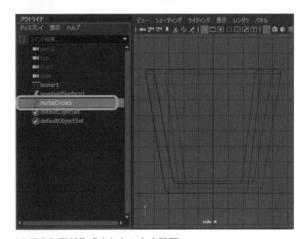

NURBS 円が作成されたことを確認

チャネルボックスで NURBS 円の回転 Z の値に「90」を入力して、正面に向けて回転させます。

NURBS 円の回転 Z に 90 を入力

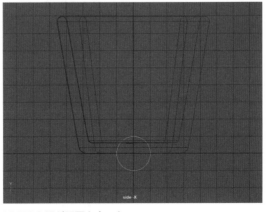

NURBS 円が正面を向いた

正面に向いた NURBS 円を垂直に移動
させ、スケールツールで縦方向に適当に
縮めます。こちらも後ほど修正可能です。
持ち手の断面をイメージして変形しま
しょう。

持ち手の完成イメージは「完成モデル
の確認」 72 ページ参照 。

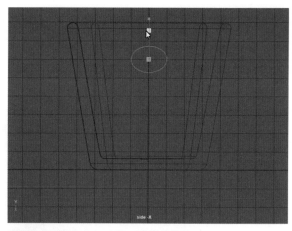

持ち手の断面をイメージして移動と変形

メニュー：編集▶複製を選択し、NURBS
円を複製します。複製された NURBS 円
は同じ場所に現れますので、アウトライ
ナで選択して垂直に下方向へ移動させま
しょう。場所は持ち手の中間位置あたり
で良いでしょう。

同様に三つ目の NURBS 円も複製して移
動します。

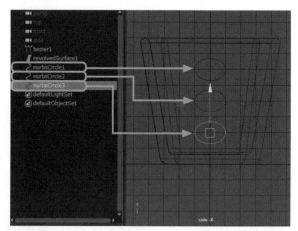

三つの NURBS 円を配置した

真ん中の NURBS 円は、回転 Z の値に「0」
を入力して水平に戻しておきます。

これで、持ち手を作成するためのパー
ツはすべて揃いました。

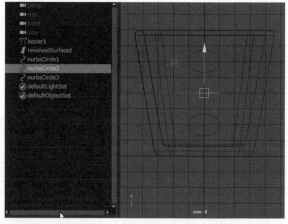

真ん中の NURBS 円は水平に

ビューを「front-Z」からの正投影に切り替えてから、アウトライナで一つずつ選択しながら水平方向に持ち手の位置まで移動させます。上下の NURBS 円はカップの厚み内に埋めるように配置ししょう。

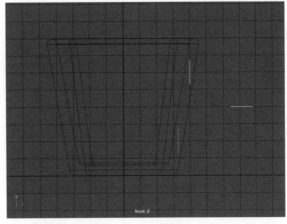

三つの NURBS 円を front-Z から確認

NURBS 円の配置が完了したら円をつなげましょう。**ロフト**という機能を使います。カーブからフェースを作成する作業では良く利用される機能の一つですが、扱いには注意が必要です。

ロフトは、どのカーブをどの順番でつなぐかを指定する必要があります。[Shift]を押しながら、上（または下）から順に左マウスボタンのクリックで選択します。

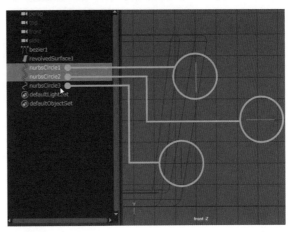

NURBS 円を順に選択

3 つの NURBS 円が選択できたらロフトを実行します。メニュー：サーフェス▶ロフトまたは、シェルフの［ロフト］ボタンを押しましょう。

ロフトが初期設定のままであれば、持ち手が作成されます。

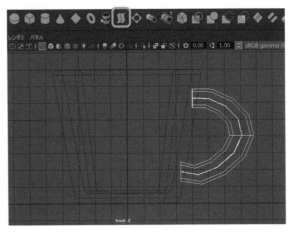

完成した持ち手

　もし、作成された持ち手にねじれがあるようなら、ねじれのある NURBS 円を選択して回転させ
ることによって正しい形に修正することも可能です。

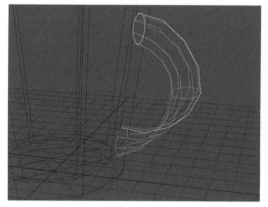

ねじれた持ち手

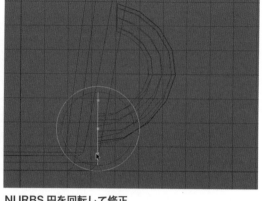

NURBS 円を回転して修正

　NURBS 円の選択の順序を間違えると次
のような持ち手が作成されます。ここか
ら修正するのは無理なので、NURBS 円を
選択する前の状態まで戻って、やり直し
てください。

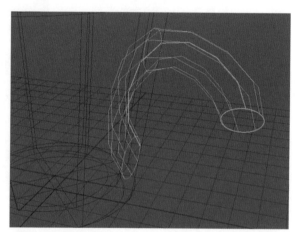

選択からやりなおし

　「すべてをスムースシェード」のビュー
で確認した時に黒く表示されている場合
は、サーフェスの表裏が反転しています。
カップと同様にメニュー：サーフェス▶方
向を反転で修正しましょう。

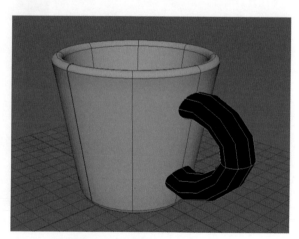

サーフェスが反転している様子

サーフェスは修正できましたが、少しカクカクして粗いつくりです。ロフトの設定でスムーズに修正可能です。

チャネルボックスの「loft1」（番号は異なる場合があります）をクリックして設定を展開しましょう。

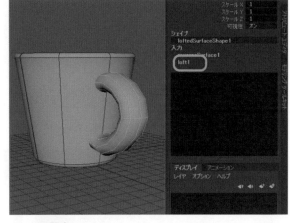

ロフトの設定

セクションスパンの値を適宜増やします。本書のサンプルでは「3」に設定しました。

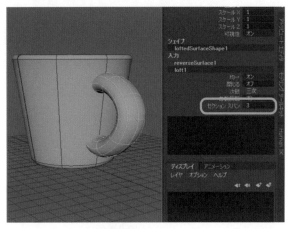

セクションスパンの値を増やす

随分と滑らかになりました。一旦完成ですが、あと少し形を修正してみましょう。

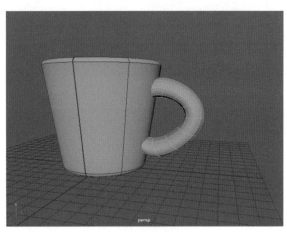

ここまでのコーヒーカップの様子

(5) 修正

　ベジェや NURBS カーブを使ったモデリングの利点の一つは、修正が自在なことです。回転やロフトを行って作成した後でも、元となったカーブを修正すれば作成されたサーフェスも同時に変更されます。

　作成したサンプルモデルの持ち手は少しずんぐりとして持ち辛そうです。アウトライナで NURBS 円を選択して、移動ツールやスケールツールで位置や形を修正してみましょう。

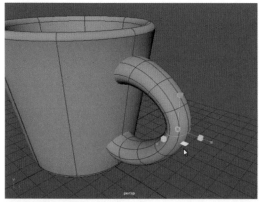

NURBS 円を操作

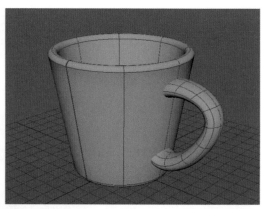

修正した持ち手

　以上でコーヒーカップのモデリングは完了です。うまく作成できたでしょうか。

　このように、カーブを利用したモデリングにはポリゴンとは違った利点や特徴があります。

完成したコーヒーカップ

マテリアル

この Step では、レンダリングによって最終的な表示となる、
マテリアルに関する基本的な知識と設定の基礎を学びます。

マテリアルの基本

マテリアルとは

マテリアルとは、材料、素材、生地などの意味を持ちます。3DCG におけるマテリアルは、3D オブジェクトの素材（表面の質感）設定となり、オブジェクトの見た目を決定します。

マテリアルは、シェーダー（描画処理プログラム）の設定によって作成されます。

マテリアル設定されたオブジェクトは、最終的にレンダリングを行うことによって視覚可能な状態となります。

現在の 3DCG ソフトウェアの多くは、物理法則をベースとした**物理ベースレンダリング（PBR）**を採用しています。マテリアルなども PBR に対応した**シェーダー**の利用が必要です。

見た目を決める大切なマテリアルは、設定項目も多く難解です。設定する項目を絞り込んで、最低限必要な項目から利用しましょう。

Maya では、既定のマテリアルとして、「lambert1」、「particleCloud1」、「shaderGlow1」、「standardSurface1」の 4 つが設定されています。これら既定のマテリアルは削除できません。また、変更もしないように注意しましょう。

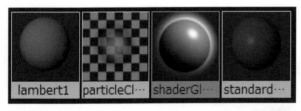

既定のマテリアル

主なシェーダー

Maya では様々なマテリアルを表現するために、数多くの**シェーダー**が存在します。初心者が理解すべき基本的なシェーダーのいくつかを紹介します。

lambert（ランバート）

「Maya ソフトウェア、ハードウェア」「Arnold」などを対象としたシェーダーです。

チョーク（白墨）のような光の反射の無い、マットなマテリアルに適しています。Maya では作成されたオブジェクトには「lambert1」が適用されます。

「lambert1」は既定のマテリアルで削除できません。

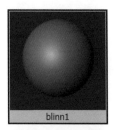

blinn（ブリン）

「Maya ソフトウェア、ハードウェア」「Arnold」などを対象としたシェーダーです。金属（真鍮、アルミ）のように鈍い光の反射のマテリアルに適しています。

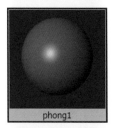

phong（フォン）

「Maya ソフトウェア、ハードウェア」「Arnold」などを対象としたシェーダーです。ガラス、プラスチック、セラミックなどのように光沢のあるマテリアルに適しています。

standardSurface（標準サーフェス）

「Arnold」「Maya ハードウェア」などを対象としたシェーダーです。様々なマテリアルを設定できるシェーダーです。aiStandardSurface と互換性のある、より設定しやすいシェーダーになります。

本書ではこの standardSurface（標準サーフェス）を基本に解説を行います。

aiStandardSurface（ai スタンダードサーフェス）

様々なマテリアルを設定できる Arnold レンダー用のシェーダーです。「standardSurface（標準サーフェス）」よりも設定項目も多く、より高度な設定が可能です。

マテリアル設定

マテリアルの設定には知識や経験が必要ですが、大切な項目は、「ベース」、「スペキュラ」、「透過」、「サブサーフェス」、「放出」、「ジオメトリ」の６種類です。

また、「ウェイト」は各設定の適用割合を設定する値です。

ベースのメタル性（Metalness）は、金属は「1」、非金属では「0」の設定となり、通常中間値の設定は行いません。

① **名前**：マテリアルに任意の名前を付けることが可能です。

② **プリセット**：現在のマテリアルを保存、または保存されたマテリアルを呼び出すことができます。
初期設定として 29 種類のプリセット地が用意されています。

③ **スウォッチ**：マテリアルの簡易なプレビューです。

④ **タイプ**：シェーダーを選択できます。

⑤ **ベース（Base）**：基本の色やテクスチャを設定します。

⑥ **スペキュラ（Speculer）**：鏡面反射光の設定です（粗さや IOR（反射率）など）。

⑦ **透過（Transmission）**：透明度の設定です。

⑧ **サブサーフェス（Subsurface）**：表層とは別に、内部の層に対しての色やテクスチャの設定となります。皮膚や大理石などの表現に設定します。

⑨ **放出（Emission）**：オブジェクトを発光させます。

⑩ **ジオメトリ（Geometry）**：テクスチャによる凹凸表現のためのバンプマッピングやノーマルマッピングの設定です。

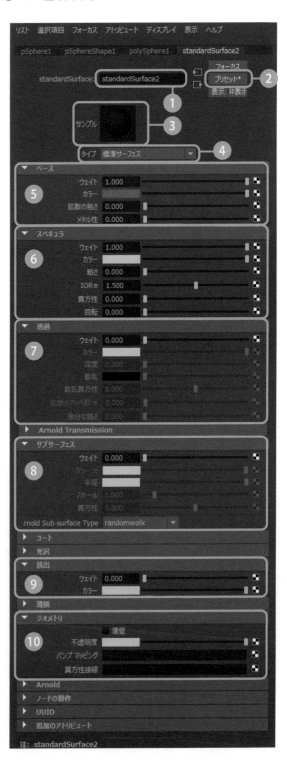

StepUP ヒント　　標準サーフェス（Standard Surface）と aiStandardSurface

シェーダーとレンダリングには密接な関係があります。

現在の Maya（Maya 2017 ～）では、既定のフォトリアルなレンダーとして「Arnold（アーノルド）」が採用されています。

本書のサンプルでは、シェーダーに「標準サーフェス（Standard Surface）」を使用し、Arnold（アーノルド）レンダーを使用してレンダリングを行っています。

Arnold（アーノルド）専用のシェーダーとして「aiStandardSurface」がありますが、「標準サーフェス（Standard Surface）」と「aiStandardSurface」は別のものです。「標準サーフェス（Standard Surface）」の設定は「aiStandardSurface」の設定よりも簡易なものとなっていますので、シェーダーに関して詳細な設定が必要な場合は「aiStandardSurface」へとステップアップしてください。

作成されたオブジェクトのマテリアル

Maya では、作成されたオブジェクトには、自動的に既定のマテリアルの一つである「lambert1」が適用されます。

何らかの理由でマテリアルが適用されていないオブジェクトは緑色で表示されます。緑色のオブジェクトを見かけたら、一先ず「lambert1」を適用しましょう。

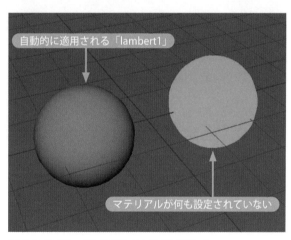

自動的に適用される「lambert1」

マテリアルが何も設定されていない

緑色のオブジェクトを見かけても慌てない！

5·2　ハイパーシェード

ハイパーシェードは、マテリアル、ライト、カメラなどシェーディングに関係した設定を幅広く行うエディタです。各要素は**ノード**と呼ばれる単位で管理されています。

　各パネルは分離可能ですが、パネルの状態を変えたり、バラバラにしたりすると簡単に元の状態に戻す方法はありませんので注意しましょう。

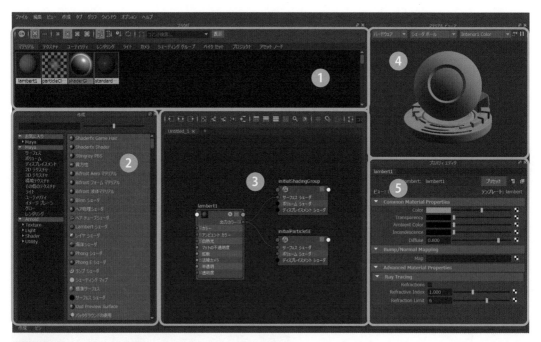

初期状態のハイパーシェード

① **ブラウザ**：マテリアル以外にもカメラ、ライトなど管理、編集対象を素早く選択できます。

② **作成**：必要なシェーダーを選んで作成します。

③ **作業領域（グラフ）**：ノードの接続を管理、編集します。

④ **マテリアルビューア**：マテリアルのプレビューを表示します。

⑤ **プロパティエディタ**：選択したノードのプロパティを管理、編集します。

5・3　マテリアル設定の流れ

　自動的に適用される既定の「lambert1」は作業用のマテリアルと言えます。レンダリングのために他の状態に設定変更することはありません。

　レンダリングのためには、新たなマテリアルを作成する必要があります。

　マテリアル設定は様々なパネルや手順で可能ですが、大別すると以下の二種類が考えられます。

（1）オブジェクトを選択してマテリアルを作成

（2）マテリアルを作成してオブジェクトに適用

　本書のサンプルでは、グラスを（1）の手順で、コーヒーカップを（2）の手順で設定します。

環境の準備

　マテリアル設定の結果を確認するためには、ライトの設定とレンダリングを行う必要があります。

　本 Step では、レンダリングのために Skydome Light と HDRI 画像によって簡易に設定します。

　HDRI 画像は高い輝度情報を持ち、環境への背景マッピングと同時に照明のシミュレーションが可能な画像です。

　HDRI 画像には .hdr 形式と .exr 形式が利用されますが、本書のサンプルでは https://polyhaven.com/hdris で配布されている .exr 形式画像を使用します。

　より詳しい説明は「ライト」（Step 7.1 162 ページ参照）、「レンダリング」（Step 7.3 187 ページ参照）で確認してください。

使用する HDRI 画像

5·4 ［演習］ グラスのマテリアル設定

　モデリング済みのグラスへガラスのマテリアルを設定してみましょう。透明なオブジェクトのマテリアルに大切な設定は、透過とIOR（屈折率）です。

サンプルファイル

mayaStarterBookSbS¥scenes¥Step05¥glass_mat_1.mb ～ glass_mat_2.mb

■ **ワークフロー**

（1）グラスの準備

（2）スカイドームライトの設定

（3）初めてのレンダリング

（4）マテリアルを適用

（1）グラスの準備

Step 3 で作成したグラスのファイルを複製して開きましょう。

　最初に作成した非常にシンプルなグラスのモデリングですが、このグラスにマテリアルを設定します。モデリングの際にはこだわりませんでしたが、Y軸方向の0が地面です。グラスを地面に接地させましょう。Y軸方向の0に移動する方法はいくつか考えられます。

　一つ目が適当に移動する方法。十分に表示を大きくすればこれも問題ありませんが、地面から離れるよりは少しめり込ませる気分で移動するのが良いでしょう。「レンダリングしたら浮いていた！」なんてことも良くあります。

　二つ目は計算による移動です。このグラスは高さが 8.5 だったので、半分の 4.25 をY軸方向に移動させれば良いはずです。これは中々良い方法ですが、スケールツールで底部を縮小した関係で、高さが少し縮んでいるので使えません。

　三つ目は、グリッドスナップ機能を使う方法です。今回はこの方法で底部を接地させましょう。

　Maya 2023 から導入された新しいアトリビュート「高さのベースライン」 54 ページ参照 によってすでに地面に接地させている場合は、グリッドスナップ機能による設置は不要です。

■ ピボットポイントを移動してグラスを接地

　スナップは通常、オブジェクトの中心にあるピボットポイントに対して行われます。そのため、中心にあるピボットポイントをグラスの底部に移動させる必要があります。

　グラスをオブジェクトモードの「移動」ツールで選択すると、現在のピボットポイントが確認できます。

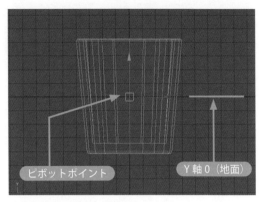

中心にあるピボットポイント

　ピボットポイントの位置を変更するには、[D] を押すか、「ツール設定」パネルの「ピボットを編集」を押してください。

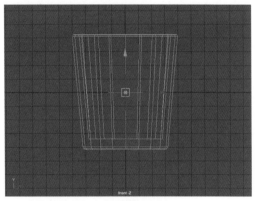

[D] でピボットポイントの変更

　「ツール設定」では「ピボットを編集」の他、[リセット] ボタンによりピボットポイントをオブジェクトの中心に移動（リセット）させることができます。

「ツール設定」で「ピボットを編集」

　Y 軸方向の矢印をクリックすると矢印が黄色く変わります。次に、[Shift] を押しながら（pos y を表示させて）マウスポインタを移動させ、最低部の頂点や辺が赤く表示された場所でクリックしましょう。

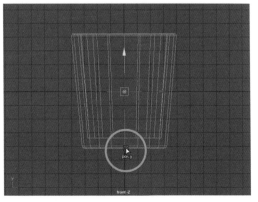

底部でクリックして移動

[Shift] を押して表示される pos（軸）の表示は軸方向設定の表示です。マウスクリックすることによって赤く表示されたコンポーネントの位置にピボットポイントが移動します。

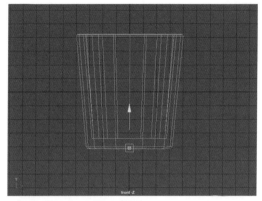

底部に移動したピボットポイント

うまく移動できれば、再度 [D] でピボットポイントの位置を確定してください。

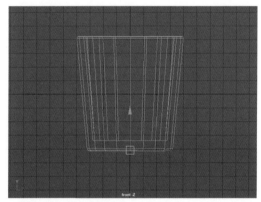

ピボットポイントを確定

ピボットポイントがグラス底部に移動できたので、グリッドスナップを有効にして、垂直方向に Y 軸方向の 0（地面）まで移動させましょう。

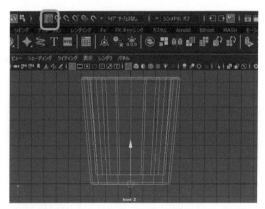

地面に設置！

HotKey

ピボットの編集モード／解除	[D]

（2）スカイドームライトの設定

グラスを地面に接地させる準備は完了しました。

次に、ライティング環境のために、メニュー：Arnold ▶ Lights ▶ Skydome Light で HDRI 画像をマッピングするための「スカイドームライト」を設定します。

「スカイドームライト」は Arnold レンダー用の球状のライトで、HDRI 画像の輝度を光源（イメージベースドライティング）として使用できます。

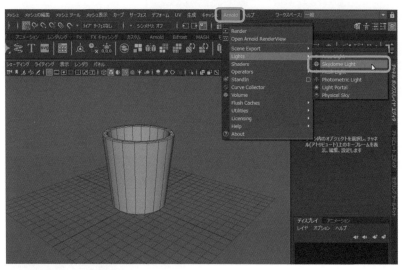

Skydome Light を選択

Skydome Light が配置された

HDRI 画像のマッピングは配置された「Skydome Light」を選択し、アトリビュートエディタ：
SkyDomeLight Attributes ▶ Color のチェック柄アイコンボタンを押します。

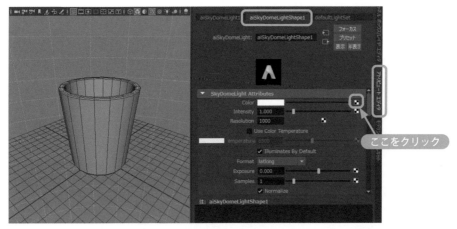

チェック柄アイコンをクリック

「レンダーノードの作成」パネルが表示されますので、右
側のリストから「ファイル」を選んでください。もし「ファ
イル」が表示されていない場合は、左側のリストより「2D
テクスチャ」を選択してみましょう。

「ファイル」を選択すると、アトリビュートエディタの表
示が変わります。

ファイルアイコンをクリックして表示されたファイルダ
イアログボックスで HDRI 画像を選びましょう。本書のサ
ンプルでは roof_garden_4k.exr を利用しました。

「レンダーノードの作成」パネル

テクスチャ画像の初期の参照先は sourceimages です。マッピングに使用する画像は、事前にプ
ロジェクト内の sourceimages フォルダに保存しましょう。

ファイルアイコンをクリック

HDRI 画像を選択

背景に HDRI 画像が
表示された

StepUP
ヒント
「Skydome Light」をレイヤーへ

　設置した「Skydome Light」が作業の邪魔になるときは、「Skydome Light」を選択し、❶選択オブジェクトを新規レイヤーに割り当てるボタンを押して、❷クリックして「R」を選びロックをかけましょう。❸「V」（表示）をクリックして「Skydome Light」の表示／非表示が切り替われば、レイヤーに入った証拠です。

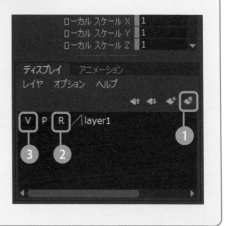

（3）初めてのレンダリング

「Skydome Light」に HDRI 画像が配置され、ライトとしての設定が完了しました。

　初めてのレンダリングを行ってみましょう。メニュー：Arnold ▶ Render を選択すると、レンダリング用の「Arnold RenderView」ウィンドウが開いてレンダリングが始まります。

レンダリング中の画面

　レンダリングには色々と設定が必要ですが、初期設定のままでも概ね問題無く表示されるでしょう。

　初心者が最も多く犯すミスは、ライトが無い、カメラが別の方向を向いている、レンダリングに使われているカメラが別などです。4 画面で表示している場合などは、しっかりとパースビューを選択（クリック）してからレンダリングを行いましょう。

　レンダリングに関してのより詳しい説明は Step 7.3 187 ページ参照。

　ここではレンダリングの細かい設定を行っていませんので、完成した画像が少し粗くても気にしないでください。画像の保存は Arnold RenderView のメニュー：ファイル▶ Save Image です。拡張子も付けて保存してください。

レンダリング完了

(4) マテリアルを適用

　グラスへのマテリアル設定は、オブジェクトを選択してマテリアルを作成する手順で行います。

　グラスを選択し、シェルフの「レンダリング」タブにある「標準サーフェス」アイコンをクリックして、グラスに「標準サーフェス」を適用します。

　Maya で利用できるマテリアルは数多くありますが、その中でも「標準サーフェス」は様々な質感を表現可能なマテリアルです。

標準サーフェス

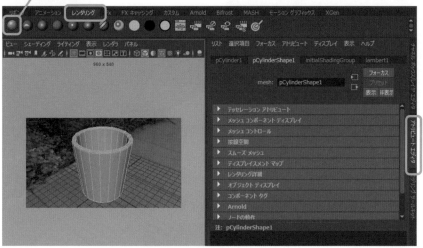

「レンダリング」タブ
に切り替え

　「標準サーフェス（standardSurface2）」が適用されました。

　次に、standardSurface2（数字は違っていても問題ありません）のタブを選択します。

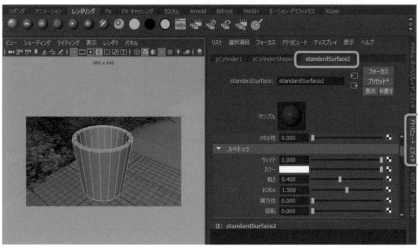

「標準サーフェス」が
適用された

「標準サーフェス」にはいくつかの代表的なマテリアルがプリセットされています。プリセット ▶ Frosted Glass（磨りガラス）▶置き換えを選び、磨りガラスを適用しましょう。

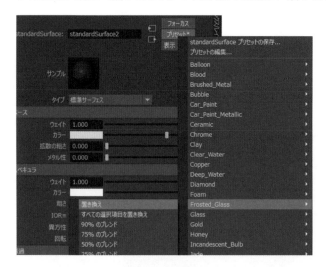

Frosted Glass（磨りガラス）を適用

パースビューでは透明に表示されますが、レンダリングすると磨りガラスのマテリアルが確認できます。

磨りガラスのグラス

「standardSurface2」の設定を少し変更してグラスを透明にしてみましょう。**スペキュラ▶粗さ**の値を0まで下げると表面のざらつきは無くなります。

少し青味がかった色を無色にするのであれば、**透過▶カラー**をクリックしてカラーピッカーから白を選んでください。

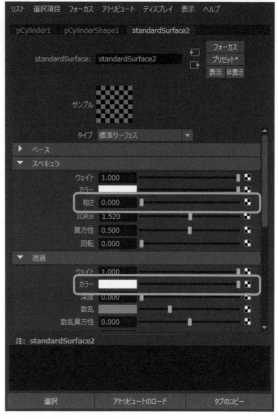

Frosted Glass の設定を変更

これでグラスのマテリアル設定は完了です。

透明のグラスがレンダリングされた

5・5 ［演習］コーヒーカップのマテリアル設定

　コーヒーカップのマテリアルへは、光沢の強い陶器（セラミック）の質感をイメージして設定し、今回は色を付けてみます。

　グラスと同様に標準サーフェスを適用させ、プリセットから「Ceramic（セラミック）」を選びます。

サンプルファイル

```
mayaStarterBookSbS¥scenes¥Step05¥coffeeCup_mat_1.mb ～ coffeeCup_mat_2.mb
```

■ ワークフロー

(1) コーヒーカップの準備

(2) ハイパーシェードでマテリアル作成

(3) マテリアルを適用

■ (1) コーヒーカップの準備

　「カーブ／サーフェス」で作成されたコーヒーカップはオブジェクトの状態が少し複雑になっていますので、整理しましょう。カーブを削除すると再度の編集ができませんので、複製したファイルで作業を進めます。

　[Ctrl] を押しながらベジェカーブと NURBS 円を選択して、[Delete] で削除します。

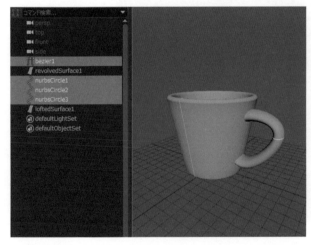

作成に使ったカーブを削除

サーフェスの名前も分かりやすいものに変えておきましょう。日本語文字などのマルチバイト文字の使用は禁物です。

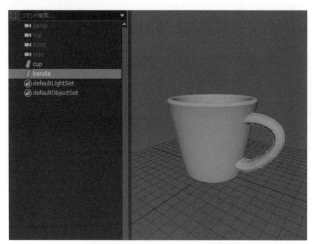

サーフェスの名前を変更

グラスと同様にメニュー：Arnold ▶ Lights ▶ Skydome Light で「スカイドームライト」を追加し、HDRI 画像を適用してください。

ここで一旦、レンダリング結果を確認しましょう。マテリアルは規定のマテリアルである lambert1 が使用されています。

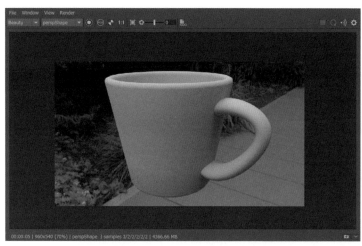

レンダリング画像の確認

（2）ハイパーシェードでマテリアル作成

コーヒーカップのマテリアル設定では、ハイパーシェードでマテリアルを先に作成してからコーヒーカップに適用させます。

「ハイパーシェード」ウィンドウの表示は、画面のアイコンやメニュー：▶ウィンドウ▶レンダリングエディタ▶ハイパーシェードなどでも可能です。

「ハイパーシェード」を表示

「ハイパーシェード」は大きくて少し邪魔なウィンドウですが、マテリアルを扱うための便利なエディタです。

コーヒーカップのマテリアル制作では、**1**「作成」リスト、**2**「ブラウザ（マテリアル）」、**3**「プロパティエディタ」の必要な部分だけを利用します。

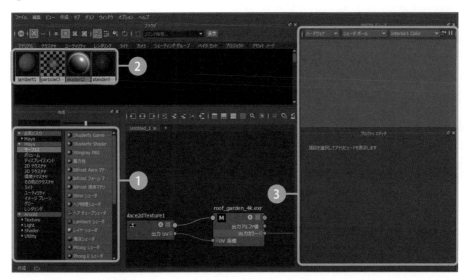

「ハイパーシェード」画面

「作成」リストでの表示が多いと「標準サーフェス」が見つけづらいので、左のリストから **4** Maya をクリックし、右のリストに現れた一番上の **5** 標準サーフェスをクリックします。

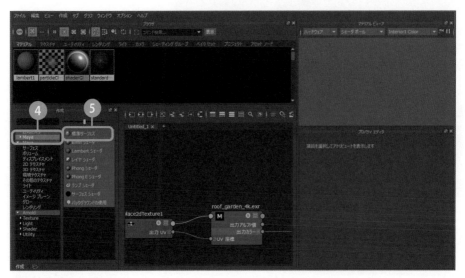

標準サーフェスを作成

標準サーフェスが作成されると、⑥ ブラウザに新たなマテリアルが増えます。⑦ プロパティ
エディタに設定が表示されたことを確認しましょう。

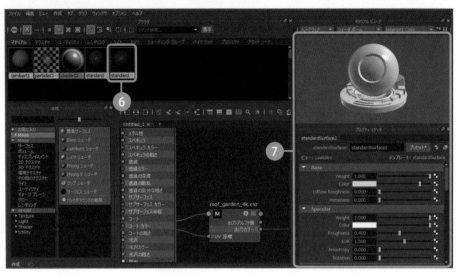

ブラウザに標準サーフェスが追加された

作成された標準サーフェスの名前を ⑧「coffeeCup」に変え、⑨ プリセット▶Ceramic（セラ
ミック）▶置き換えで「プリセット」設定しましょう。

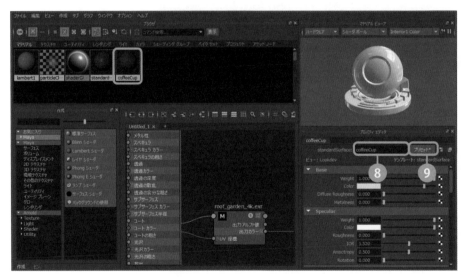

「プリセット」から「Ceramic」を選択

■ **(3) マテリアルを適用**

　ここではマテリアルの適用方法を三つ紹介します。先ずは、ハイパーシェードからの適用です。

　メニューによる適用方法は、ビューやアウトライナからカップと持ち手を選び、レンダリングメニュー：ライティング / シェーディング▶**既存のマテリアルの割り当て▶coffeeCup**（作成したマテリアル）を選択してマテリアルを適用させます。

　ビューからカップと持ち手を選択し、ハイパーシェードの作成したマテリアル上で、**右マウスボタン▶マテリアルを選択項目に割り当て**を選びます。

ハイパーシェードで
オブジェクトに適用

　ビューから直接、マテリアルを適用する方法は、カップと持ち手を選択し、**右マウスボタン▶既存のマテリアルの割り当て▶coffeeCup**（作成したマテリアル）を選びます。

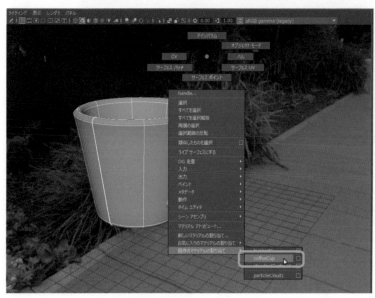

マーキングメニューで
オブジェクトに適用

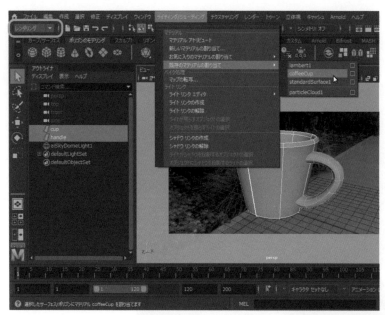

**マテリアルを
オブジェクトに適用**

作成したマテリアルが適用できました。しかし、白いセラミックのままでは少し味気ないので、色を変えてみましょう。

「Ceramic（セラミック）」のマテリアルで特徴的な部分は、表面より下の層（下層）の色「サブサーフェス」の設定です。

次の図ではハイパーシェードのプロパティエディタで設定を行っていますが、メイン画面のアトリビュートエディタでも可能です。日本語表記と英語表記の違いはありますが、どちらも同じマテリアルの設定です。

本書のサンプルでは少し緑がかった陶器を表現したかったので、Base ▶ Color をブラウンに、Subsurface ▶ Color をグリーンに設定しました。

マテリアル設定を変更

最後はレンダリングによる確認です。マテリアルビューやパースビューのプレビューがレンダリング結果と違っていても、あまり気にしないでください。

ライトや環境の映り込みなどの影響を受ける、シーンでのレンダリング結果が最も大切です。

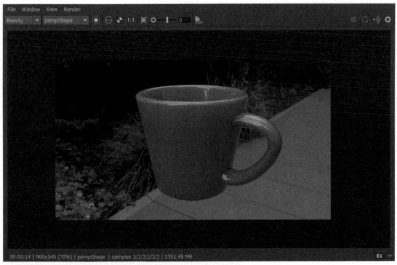

レンダリング結果

5・6 代表的なマテリアル設定

マテリアルの基本的な作成と設定を、グラスとコーヒーカップを例に紹介しました。

ここでは、他の代表的なマテリアル設定を「標準サーフェス（standardSurface」を例に紹介します。

どのマテリアルも可能な限りシンプルに設定しています。スキルアップの際はインターネットなどで検索して、より自分のイメージに合った設定を工夫してください。

サンプルファイル

mayaStarterBookSbS¥scenes¥Step05¥materials.mb

「標準サーフェス（standardSurface）」の設定項目は非常に多いのですが、まず初心者が注目すべき主要な項目は、**「ベース」**、**「スペキュラ」**、**「透過」**、**「サブサーフェス」** です。どの値にも適用度を設定する「ウェイト」の項目設定が重要ですが、本サンプルではすべて１に設定しています。

また、**オブジェクトを発光させる「放出」や凹凸を表現する「ジオメトリ」**の設定も加えて理解する必要があります。「ジオメトリ」に関しては、Step 6「テクスチャマッピング」で説明します。

8種類のレンダリングされたマテリアル

■ マテリアルのプリセット保存

アトリビュートエディタでは、設定した値を保存したり呼び出したりすることのできる［プリセット］ボタンが用意されています。

「標準サーフェス（standardSurface）」には29種類（執筆時現在）のマテリアルが初期設定で保存されていますので、作成するマテリアルのベースとして利用しましょう。

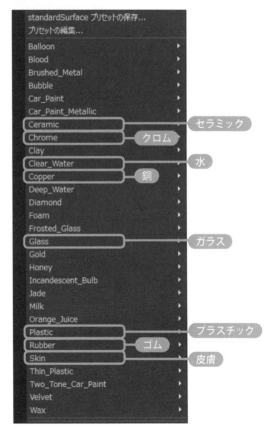

「プリセット」

■ **金属（クロム）**

水道の蛇口など「クロムメッキ」された金属のイメージです。金属のマテリアル設定で大切なシェーダーの項目は、「ベース」のメタル性です。メタル性（Metalness）の設定は金属では1に設定し、それ以外は0に設定します。

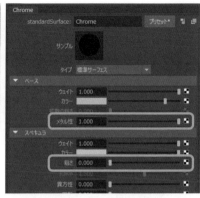

■ **金属（鉄）**

金属の鉄と銅は色や錆び以外で見分けることが難しい金属です。プリセットから「Copper（銅）」を選択し、色と粗さを調整しました。錆びのある鉄を表現するにはテクスチャが必要です。

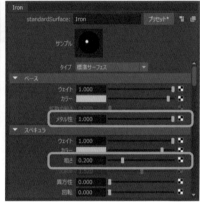

■ **ゴム**

プリセットから「Rubber（ゴム）」を選択しました。プリセットのゴムは薄いグレーだったので少し濃いグレーに設定し、特徴を出しました。

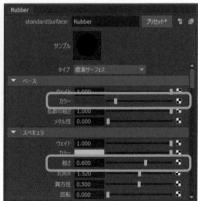

■ 皮膚

人や他の生物の「皮膚」の特徴は、表層とは別に下層でも光を反射することです。この設定は**サブサーフェス**で可能です。

サブサーフェスは、皮膚以外に大理石などの表現にも利用できます。

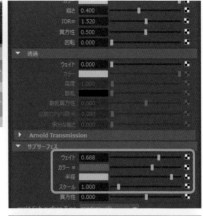

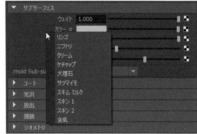

サブサーフェスの色のプリセット値

■ ガラス

物質にはそれぞれ固有の**屈折率（IOR）**があります。特に、光を透過するガラスや水は、その屈折率（IOR）の値を正しく設定することからはじまります。**ガラスの屈折率（IOR）はおよそ1.5**です。

プリセットから「Glass（ガラス）」を選択しました。プリセットのガラスは無色でしたので一般的なガラスをイメージして色を付けました。

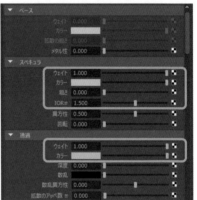

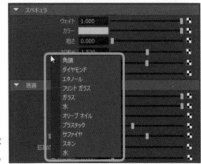

ガラス以外にも様々な
プリセット値が用意されている

■ 水

「Clear Water（クリアウォーター）」を選択しました。ガラスと同様の設定ですが、**水の屈折率（IOR）は 1.33** です。純粋に球体の「水」は地球上には存在しませんので、「水」に見えないかもしれませんね。

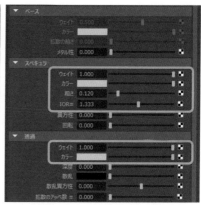

■ プラスチック

「プリセット」から「Plastic」を選びました。硬質のプラスチックとセラミックの違いを表現するのはむずかしいでしょう。

ベース▶カラーとスペキュラ▶粗さの値を変えて違いを表しています。

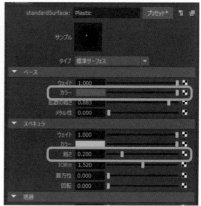

■ セラミック

「セラミック」と言っても陶器全般ではなく、ファインセラミックやボーン チャイナと呼ばれる白く滑らかな表面の陶器です。

「プリセット」から「Ceramic」を選びました。このプリセット値には「サブサーフェス」の値が僅かに設定され、鏡面反射を和らげています。

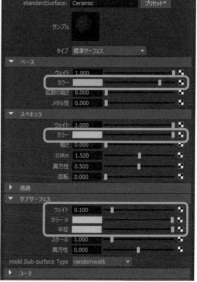

■ ネオン

　ネオン管のように発光するマテリアルの設定は、「**放出:Emission**」によるものです。

　明るい場所で光を表現することはできません。SkyDomeLight の Intensity を下げて環境光を暗くしました。

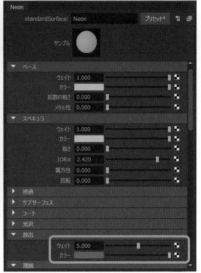

疲れたときはひとやすみ

Step 6

テクスチャマッピング

テクスチャマッピングによって、マテリアルはさらに自由で柔軟な表現が可能となります。

6・1 テクスチャマッピングとは

テクスチャマッピングとは、テクスチャ（画像）をオブジェクトにマッピング（配置）する手法で、単に「マッピング」や「マップ」と呼ぶことも一般的です。

例えば、鉄の基本的な素材（マテリアル）はシェーダーの「メタル性」や「粗さ」で設定可能ですが、これらの設定だけでは均質で新品の鉄が表現されてしまいます。

錆びた鉄、部分的に傷のついた鉄などの表現はどのようにするのでしょうか。それがテクスチャの役目です。「見た目が全て」である 3DCG のクオリティは、テクスチャの影響を大きく受けると言えます。

テクスチャは、錆びそのものの画像だけでなく、**スペキュラ**（鏡面反射光）や凹凸を表現するための**バンプ**など専用の画像もあります。これらすべてがテクスチャです。

また、テクスチャマッピングには、実際の画像を使用する以外に、計算により作成された図柄（プロシージャルテクスチャ）をマッピングすることも含まれます。

ビットマップテクスチャ　　　　プロシージャルテクスチャ

Maya では様々な形式の画像がテクスチャとして利用できます。以下に利用可能な代表的画像形式を紹介します。

Maya で配置可能な画像形式（一部）

png（ピング）	現在一般的に広く利用されている画像形式です。jpg に比べて写真などではファイルサイズは比較的大きくなり、逆に単調な図柄では小さくなります。 透過情報を持ちますが、オブジェクトを画像によって透過するには、別途マスク画像が必要です。
tif、tiff（ティフ）	サポートしているソフトウェアも多く、古くから印刷業界で利用されている画像形式です。 Maya では背景を透過した動画作成のための連番画像は、tif で保存する必要があります。

jpg、jpeg（ジェイペグ）	広く利用されている画像形式です。テクスチャとして配布されている画像には多く利用されています。
exr（イーエックスアール）	CG 制作業界では広く利用されている画像形式です。 光源を含んだ背景画像（HDRI）などに利用されます。
hdr（エイチディーアール）	光源を含んだ背景画像（HDRI）などに利用されます。
tga（タガ）	アニメーション業界で広く利用される画像形式です。圧縮されないのでファイルサイズが大きく、比較的単純な構造のファイルです。透過情報を含みます。
psd（ピーエスディー）	Adobe 社の画像レタッチソフト、Photoshop のファイル形式です。 Maya では「マッピング」用のファイルとして利用可能です。

※ Maya でテクスチャマッピングを行うと、同じ場所に〇〇〇 .tx ファイルが自動的に作成されます。これは、Maya のレンダリングを高速にするなどの目的のファイルですので、削除しないようにしましょう。なお、間違って削除しても再度作成されますので心配無用です。

テクスチャマッピングの二つの手順

テクスチャマッピングを正確に行うには UV に関する知識が必要なため、大きく分けて二つの手順が考えられます。

<table>
<tr><td>すでにテクスチャ（写真など）が用意されている場合</td><td>3D オブジェクトに合わせてテクスチャを作成する場合</td></tr>
<tr><td></td><td></td></tr>
<tr><td>UV をテクスチャに合わせて作成、編集する</td><td>テクスチャを UV に合わせて作成、編集する</td></tr>
</table>

実際にはどちらの手順でもテクスチャと UV の編集は発生しますが、自分の作品がどちらの手順に適しているかを意識して作業を進めましょう。

6·2 ［演習］ コーヒーカップのテクスチャ設定

Step 5 でマテリアルを設定したコーヒーカップを利用して、実際にテクスチャマッピングを行ってみましょう。

この例では、**UV をテクスチャに合わせて作成、編集する手順**で作業を進めます。

サンプルファイル

> mayaStarterBookSbS¥scenes¥Step06¥coffeeCup_tex_1.mb ～ coffeeCup_tex_3.mb

■ ワークフロー

（1） テクスチャと完成イメージの確認

（2） ポリゴンへの変換

（3） UV の作成と編集

（4） テクスチャマッピング

（1）テクスチャと完成イメージの確認

Step 5 で、コーヒーカップにマテリアルの設定を行って色を付けました。次は、このコーヒーカップにテクスチャマッピングを行います。

まず、マッピングするための画像とレンダリングによる完成イメージを確認しましょう。

マッピング用画像

テクスチャマッピングされたコーヒーカップ

■ （2）ポリゴンへの変換

サーフェスのままではテクスチャマッピングに不向きですので、ポリゴンに変換します。

マテリアルの設定されたコーヒーカップのファイルを複製して開きます。

カップのオブジェクトをアウトライナで選択するか、またはビューパネルで直接クリックして選択し、メニュー：**修正▶変換▶ NURBS をポリゴンに**のオプション（右端の□マーク）をクリックしてポリゴンに変換します。

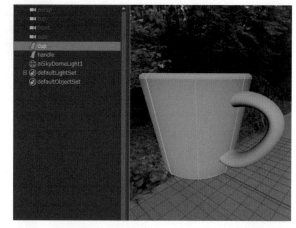

サーフェスのコーヒーカップ

ポリゴンに変換する際の設定パネルが開きます。

「四角」と「ポリゴン数」を指定し、ポリゴン数に「500」を入力しました。

ポリゴン数の値を大きくするとより精細に変換可能です。

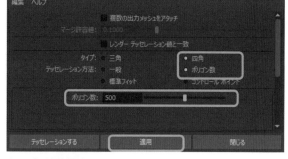

カップの変換設定

サーフェスをポリゴンに変換しても、元のサーフェスは残ったままです。アウトライナで選択し、[H] で非表示に設定します。

元のサーフェスは非表示に

ホットキー

選択オブジェクトの表示／非表示	[H]

同様に持ち手もポリゴンに変換します。こちらはポリゴン数を「200」に設定しました。

持ち手の変換設定

サーフェスによるコーヒーカップモデリングをポリゴン変換しました。これでテクスチャマッピングを行う準備が完了です。

サーフェスによる滑らかなオブジェクト

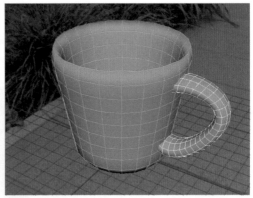

ポリゴン化した粗いオブジェクト

StepUP ヒント　滑らかに造形する

　滑らかに造形する（見せる）方法の基本は、フェースを増やして曲面に編集することですが、Maya にはいくつかの方法が用意されています。

ポリゴン数を増やす

　フェースを分割して頂点を調整することによって滑らかな表現が可能です。

　「モデリングツールキット」の、■「スムーズ」と ◆「分割を追加」はよく似たイメージのアイコンですが、「スムーズ」は分割を増やし、更にスムーズ化を行います。

　「分割を追加」は単にフェースの分割を行うツールです。

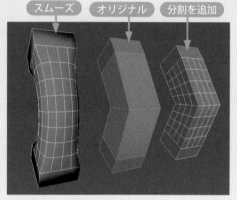

オリジナルの選択フェースに
「スムーズ」と「分割を追加」を適用

「ハードエッジ」と「ソフトエッジ」

　「メッシュ」の細かさとは別にモデリングメニュー：メッシュ表示▶「ハードエッジ」／「ソフトエッジ」で「エッジ」を滑らかに表示したり粗く（フラットに）表示することが可能です。

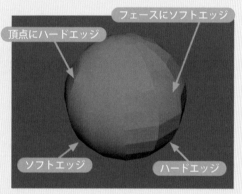

ソフトエッジとハードエッジ

疑似的にポリゴン数を増やす

　「サブディビジョンプロキシ（本書未解説）」や [3]（スムーズメッシュプレビュー）による編集は、少ない「頂点」で疑似的に増やしたポリゴンを操作し、滑らかな造形を行う機能です。

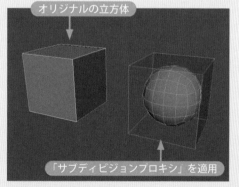

サブディビジョンプロキシ

結合と分離

カップと持ち手はそれぞれ独立したオブジェクトです。

複数のオブジェクトを一つのオブジェクトにするのが**結合**です。また、一つのオブジェクトの一部を「デタッチ」し、**分離**を行うことによって独立したオブジェクトにすることも可能です。

カップと持ち手を一つに結合すると、オブジェクトとしては扱いやすくなりますが、再度分離する必要が生じた場合などには手間のかかることがあります。単にまとめたいだけの理由（グループの代わり）で結合しないようにしましょう。

結合と分離は「モデリングツールキット」 67 ページ参照 。

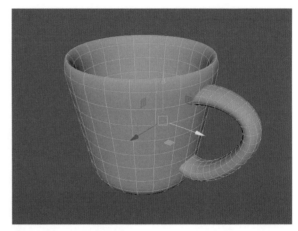

結合したカップと持ち手

スムーズメッシュの適用

サーフェスをポリゴン化すると、どうしても形状が粗くなります。粗くなった形状をポリゴンを増やすことで滑らかにもできますが、ここでは**スムーズメッシュ**を適用してみます。

スムーズメッシュは、[3] を押すことによって疑似的にポリゴン数を増やし、滑らかに表示するモードです。

滑らかになっている

スムーズメッシュを適用したカップ

StepUP ヒント 「オリジナルのメッシュ」、「ケージ＋スムーズ メッシュ」、「スムーズ メッシュ」

　オブジェクトを選択した状態でキーボードの［1］、［2］、［3］を押すことによって、メッシュのプレビュー状態を変更することができます。

［1］キー　オリジナルのメッシュ：スムージングの無い状態で表示します。

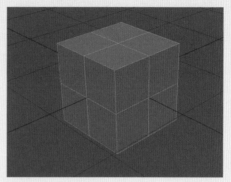

通常のメッシュ表示

［2］キー　ケージ＋スムーズメッシュ：オリジナルのメッシュ」を「ケージ」として表示し、「スムーズ メッシュ」を表示します。「サブディビジョン モデリング」に利用するモードです。サブディビジョンモデリングとは、メッシュを疑似的に細分化し、少ない編集箇所により滑らかな面を造形するための手法です。

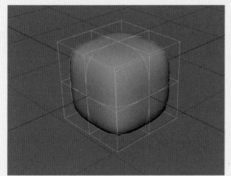

「ケージ」と「スムーズ メッシュ」を表示

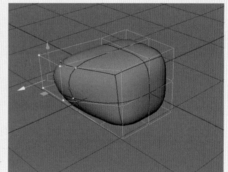

「ケージ」の「頂点」を編集

［3］キー　スムーズメッシュ：スムーズメッシュのみを表示します。

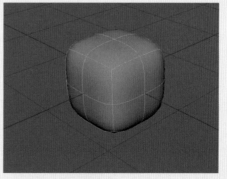

スムーズメッシュを表示

スムーズメッシュは、編集のための疑似的なスムージングです。Mayaの「Arnold」や「Mayaハードウェア2.0」のレンダリングでは反映されますが、実際にポリゴン数が増えているわけではありませんので、他の3DCGソフトでの編集やレンダリングが必要な場合は、オブジェクトモードで選択してメニュー：修正▶変換▶スムーズメッシュプレビューをポリゴンにでポリゴンに変換してください。

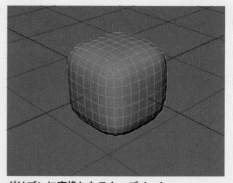

ポリゴンに変換したスムーズメッシュ

■ **(3) UV の作成と編集**

UV とは、3D オブジェクトに平面の画像を配置するための座標系です。U は X 軸、V は Y 軸に相当します。

テクスチャがどのような位置、角度、大きさで配置されるかを決めるのは UV です。

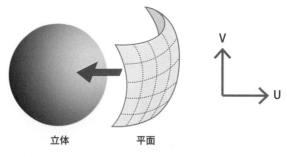

立体　　　　平面

平面を立体に配置する

UV 情報の無い 3D オブジェクトにはテクスチャマッピングができません。画像をマッピングするためには UV を作成、編集する必要があります。これらの作業を含め、「UV を作成する」、「UV を展開する」などと呼びます。

具体的な操作として、カットした境界に沿って UV を開く「UV 展開」もあります。

UV の作成や編集には知識と経験が必要ですが、もっとも大切なことは、自分の理解できる UV を作成することです。初期設定では、オブジェクトの作成時に UV も自動で作成されますが、自動で作成された UV は、そのままでは煩雑で扱いも大変面倒です。

UV は必ず自分で作成して編集しましょう。

■ UV の作成と編集の手順

（3-1） オブジェクトの準備

（3-2） オブジェクトの形から UV の作成方法を決める

（3-3） チェッカマップを確認して UV の比率を調整

（3-4） UV シェルを作成

（3-5） 展開して歪みを解消する

（3-6） テクスチャの作成とマッピング

■（3-1）オブジェクトの準備

　UV を作成するオブジェクト（この Step ではコーヒーカップ）を、オブジェクトモードで選択します。

■（3-2）オブジェクトの形から UV の作成方法（UV 展開）を決める

　コーヒーカップのオブジェクトを選択して、モデリングメニュー：UV ▶ UV エディタまたはシェルフの「ポリゴンのモデリング」タブにある「UV エディタ」アイコン（ 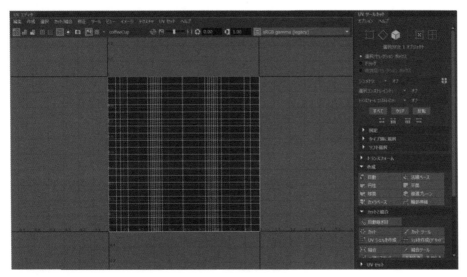 ）をクリックして「UV エディタ」を表示すると、コーヒーカップの現在の UV が表示されます。

UV エディタ

　そのままの状態で使えそうな UV もありますが、たいていの場合は使えません。UV は自分で作成しましょう。

　UV の作成は、メニュー：UV から選ぶか、シェルフの「UV エディタ」アイコンを選択します。ここではオプションの設定も確認したいのでメニューから UV 作成方法を選択することとします。

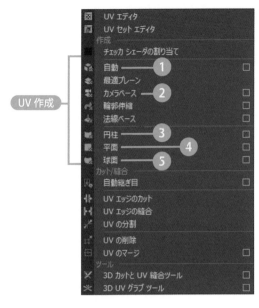

メニューとシェルフによる UV 作成

① 自動：初期値で 6 方向からの投影を行い、UV を作成します。投影を行う方向の数は 3 〜 12 で設定可能です。平面的な面で構成されているモデルには良く利用されます。

② カメラベース：現在のビューポート方向（カメラ）から UV を作成します。レンダリングされる方向が決まっている静止画の 3DCG 制作などに利用されます。

③ 円柱：円柱で包むように UV を作成します。

④ 平面：設定された方向から平面上に UV を作成します。シンプルで理解しやすいので、最も利用しやすい UV の投影方法といえるでしょう。

⑤ 球面：球体で包むように UV を作成します。

　コーヒーカップの UV 作成では、メニュー：UV ▶平面のオプション（右端の□マーク）をクリックして「平面マッピングオプション」のパネルを開きます。

　平面による UV の作成は、**どの方向から投影するか**を決めることが大切です。コーヒーカップでは、カップの面にロゴをマッピングするため、Z 軸方向からとしました。軸を選択して［適用］ボタンを押します。軸の選択を間違えた場合は再度軸を選択して［適用］ボタンを押してください。

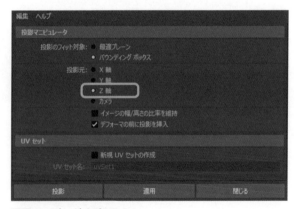

平面マッピングオプション

ビューにはＺ軸からの投影マニピュ
レータが表示されます。

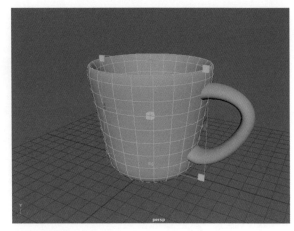

平面の投影マニピュレータ

UV エディタには、作成投影された UV が表示されています。この UV は Z 軸方向からの投影で
すので、カップの側面や内側、裏側など、すべてがまとまった状態で作成されています。このま
ま利用するとカップの様々な面にテクスチャが表示されるでしょう。

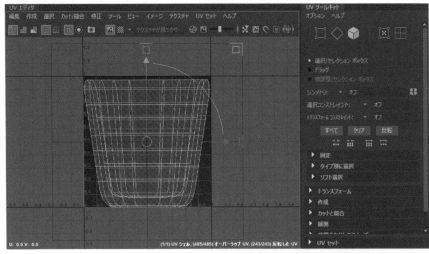

**UV エディタに
表示された UV**

作成された UV を編集しましょう。**UV
は、通常 0 ～ 1（U1V1）の領域に作成
します**。他の領域はひとまず編集のため
の作業場として利用しましょう。

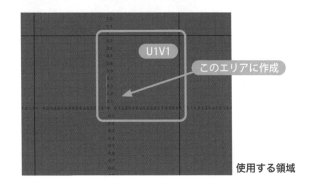

使用する領域

扱いやすくするために少し縮小しましょう。右マウスボタンを押して**マーキングメニュー：UV シェル**を選び、UV を選択します。

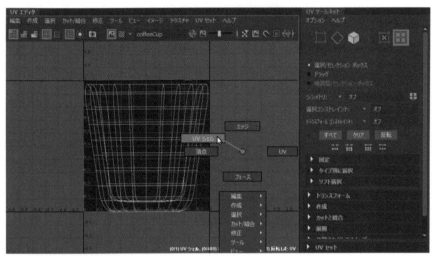

UV シェル**を選択**

「スケール」のアイコンを選択するか、または [R] でスケールツールを有効にして中心をドラッグしながら適宜縮小します。

UV エディタでは、移動、回転、スケールの各ツールが使用可能です。

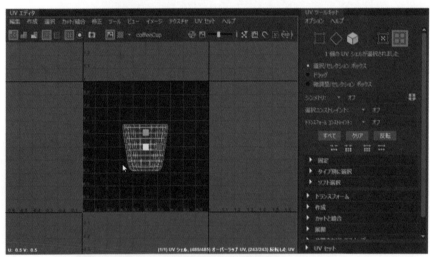

縮小した UV

■（3-3）チェッカマップを確認して UV の比率を調整

チェッカマップを表示してひずみや傾きをチェックします。

チェッカマップは、UV の比率やひずみを確認するための表示です。チェック柄ができるだけ正方形になるように、スケールツールで縦横比を編集して UV を調整します。

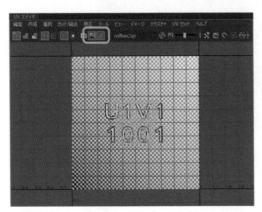

チェッカマップを表示

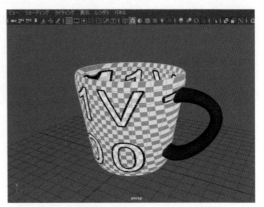

チェッカマップが表示されたカップ

■（3-4）UV シェルを作成

カップの UV が一つにまとまったままでは調整も大変ですので、必要な前面だけを分離します。

ロゴグラフィックをマッピングしたい方向からの正投影（サンプルでは「front-Z」）に切り替え、面を選択します。背面などを間違って選択しないように、他の角度からも確認しましょう。

選択範囲を使用する場合は、モデリングツールキットの「カメラベースの選択範囲」を「オン」にしましょう。

面を選択

必要な面を選択した後に［UV シェルを作成］ボタンを押すと、選択されていた面が切り取られ、独立して扱える **UV シェル**となります。

　また、エッジを選択して［カット］ボタンを押すことで UV シェルを任意の場所で切断したり、逆に［縫合］ボタンを押して UV を繋ぐことができます。

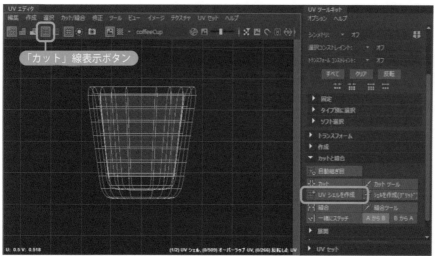

UV シェルを作成

　UV シェルでカットされた部分は、白い太線によって表されます。

作成された UV シェル

　UV シェルとしてカット（分離）しただけでは、同じ場所に表示されていますので、邪魔にならない場所に移動しましょう。

　コーヒーカップのテクスチャマッピングでは、ロゴ画像以外の部分はテクスチャの白い場所を適用する予定なので、ロゴ画像にかからない場所であればどこでもかまいません。

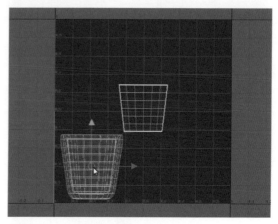

「移動」ツールで UV を移動

■（3-5）展開して歪みを解消する

　分離した UV シェルは、ひずみ（正方形でないチェッカマップ）を解消し扱いやすいように角度も修正します。

　展開は、ひずんだ UV を解消するコマンドです。展開を実行するとひずみは解消しますが、UV シェルが歪んでしまうのでテクスチャマッピングが少し難しくなります。

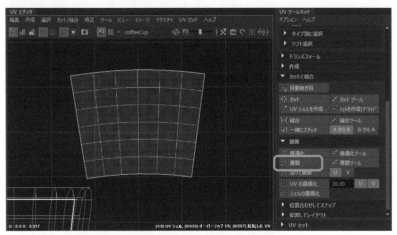

展開

　UV の直線化を実行して、直線的な UV へ加工します。

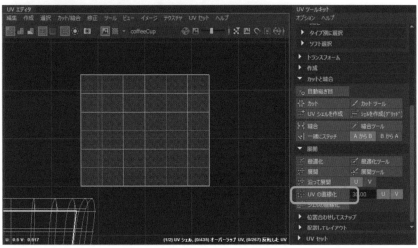

UV の直線化

展開と UV の直線化によって、チェッカマップの表示もシンプルになりました。

UV 編集にはさらに細かな編集方法もあり、展開や UV の直線化の使用はケースバイケースです。

少し改善？されたチェッカマップ

持ち手の UV がそのままでしたので、こちらも確認しておきましょう。オブジェクトモードで持ち手を選択します。

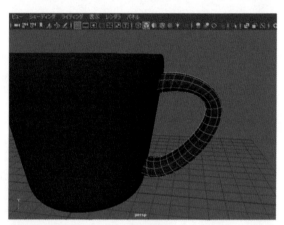

オブジェクトモードで持ち手を選択

持ち手の UV は大きく広がっています。持ち手もカップ本体と同様にテクスチャの白い部分を適用する予定ですので調整の必要はありませんが、このままでは、ロゴ画像が持ち手にも表示されます。縮小して、邪魔にならない場所へ移動させましょう。

カップと持ち手で同じマテリアルとテクスチャを使用しますので、それらの UV を同じ場所にレイアウトすると表示が重複します。

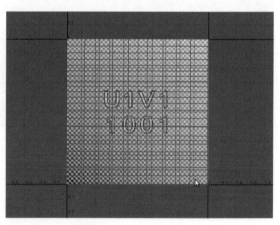

持ち手の UV を確認

「UVエディタ」を開きながらオブジェク
トモードでカップと持ち手を同時に選択す
ると、すべてのUVが表示されます。邪魔
にならない場所に移動しましょう。

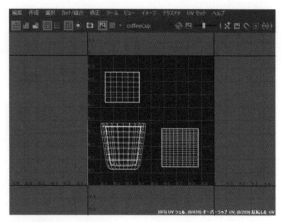

UV を移動して整理

■（3-6）テクスチャの作成とマッピング

　ここからは、作成した UV を調整してテ
クスチャマッピングを行います。一番の大
切な UV は、ロゴ画像をマッピングするた
めに分離した UV シェルです。少し大きく
して、これで準備が整いました。

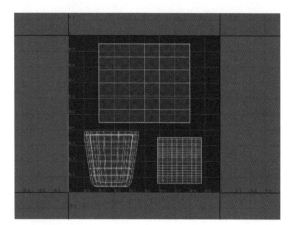

ロゴ画像用の UV を大きくした

　UV の設定が整ったので、テクスチャを作成するために **UV スナップショット**を撮ります。それ
を元にテクスチャを作成すれば、UV 設定の通りに画像が配置されるハズですね。
　UV スナップショットを撮るには、UV をすべて選択して UV エディタのカメラアイコン（ ）
をクリックします。

作成のためのオプション画面が開きますので、① ファイルの保存場所とファイル名を設定し、② ファイル形式を選択します。③ 作成するテクスチャの大きさを入力して［適用］または［適用して閉じる］ボタンを押して作成します。

サイズは 1024 ピクセル程度で良いでしょう。

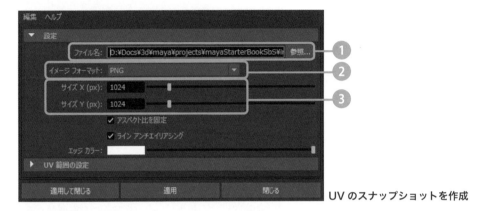

UV のスナップショットを作成

PNG で作成した場合は、UV の線以外は透過して保存されます。画像では透過部分がグレーで表示されています。

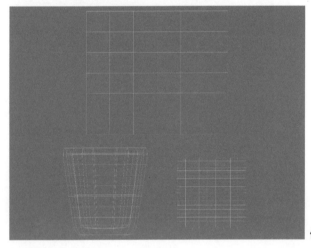

保存された UV のスナップショット

実際のテクスチャ（画像）作成には様々な方法が考えられます。次の図は、Adobe 社のPhotoshop を使った作成例です。

❶保存された UV スナップショットを Photoshop で開き最前面に配置します。❷テクスチャ用のレイヤーと❸背景色をべた塗りのレイヤーで作成しました。

テクスチャ用のレイヤーに UV の線を参考にしながらグラフィックを作成すれば OK です。

書き出し時には、UV スナップショットを非表示に設定して、PNG または JPG で書き出しましょう。

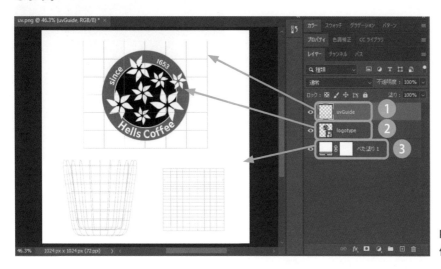

Photoshop での
作成例

（4）テクスチャマッピング

オブジェクトへのテクスチャマッピングは、設定済みのコーヒーカップのマテリアルを利用します。

見た目のテクスチャは、通常、カラーやディフューズと呼ばれ、アトリビュートエディタ▶ベース▶カラー▶レンダーノードの作成（チェッカーアイコン）をクリックして配置します。

アトリビュートエディタは、オブジェクトを選択して右マウスボタンを押し、マーキングメニュー：マテリアル アトリビュート … でも素早く表示可能です。

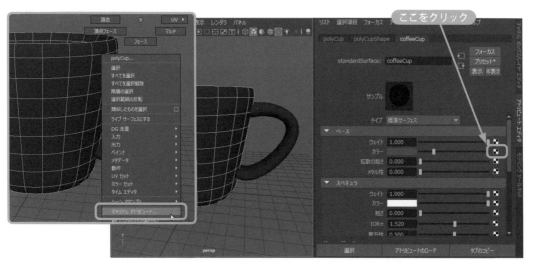

アトリビュートエディタ

チェッカーアイコンをクリックすると、次に「レンダーノードの作成」パネルが表示されます。「ファイル」をクリックして選択しましょう。

「ファイル」を選択

「ファイル」を選択するとファイルダイアログボックスが表示されますので、目的のファイル（本書のサンプルでは cup_color.png）を選択しましょう。

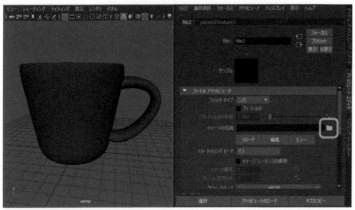

ファイルを指定

テクスチャファイルを選択するとマッピングされたイメージが表示されるでしょう。テクスチャが表示されない場合は、マテリアルプレビューモードになっていることを確認しましょう。

**プレビューされた
テクスチャ**

　確認のため、メニュー：Arnold ▶ Render でレ
ンダリングしてみます。

　少し色が変ですね。サブサーフェスの設定が
影響している様子ですので、色の設定を黒に変
えるか、ウェイトを「0」に設定してサブサーフェ
スを無効にします。

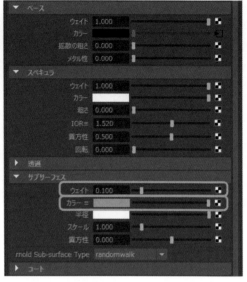

サブサーフェスを調整

　Arnold RenderView では、カメラアイコンをクリックすることによってレンダリングした画像
を見比べることが可能です。レンダリング画像は、保存しなければソフトウェア終了時に破棄さ
れますので注意してください。

　レンダリング画像を保存するには、Arnold RenderView のメニュー：File ▶ Save Image で「Save
Image As」ダイアログを表示し、ファイル名を拡張子を含めて設定し、[保存] ボタンを押します。

「レンダリング」による確認

StepUP
ヒント **「マテリアルからオブジェクトを選択」** と **「オブジェクトからマテリアルを選択」**

シーンは多くのオブジェクトにより構成され、様々なマテリアルが設定されます。

マテリアルに名前を付けるのはもちろんのことですが、オブジェクトとマテリアルの関係を見つけるのに手間取ったときは、以下の二つの方法から確認しましょう。

- ハイパーシェードのメニュー：編集▶マテリアルからオブジェクトを選択
  ハイパーシェードで選択しているマテリアルがシーン内のどのオブジェクトか表示します。
- ハイパーシェードのメニュー：編集▶オブジェクトからマテリアルを選択
  シーンで選択しているオブジェクトにどのマテリアルが使用されているか、ハイパーシェードで表示します。

6・3　［演習］鉛筆の UV 編集

　ここでは、UV 編集のための練習としてオリジナルの鉛筆を作成してみましょう。まずは簡単に鉛筆のモデリングを行います。

サンプルファイル

mayaStarterBookSbS¥scenes¥Step06¥pencil_1.mb ～ pencil_3.mb

■ ワークフロー

(1) 鉛筆のモデリング
(2) 鉛筆の UV 編集
(3) テクスチャの作成とレンダリング

完成レンダリング画像

(1) 鉛筆のモデリング

　鉛筆のサイズは、JIS 規格でもある長さ 172 mm、太さ 7 mm とします。多くは 6 角形ですので「ポリゴン円柱」を作成し、設定によって鉛筆の形状へと近付けます。

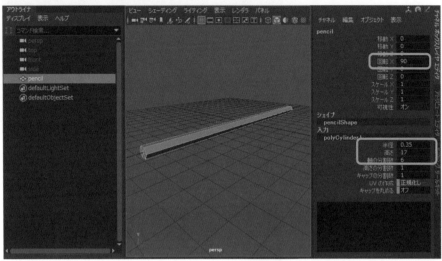

「ポリゴン円柱」で設定

　「ポリゴン円柱」の中心の頂点を選択して、引っ張って削った鉛筆の形状に近付けます。

　長さを 172 mm に保ちたい場合は、中心以外の 6 つの頂点を反対方向に移動させてもかまいません。

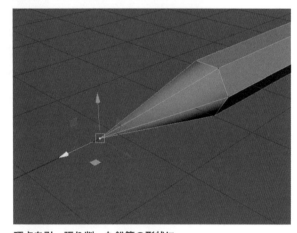

頂点を引っ張り削った鉛筆の形状に

　芯の形状を表現するために、先端の頂点を一つだけ選んでベベルを適用し、少し平坦に加工します。

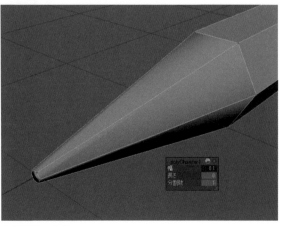

先端は少し丸めて

「すべての物にはベベルがある」という
ことで、側面の6つのエッジを選択して
ベベルを設定します。

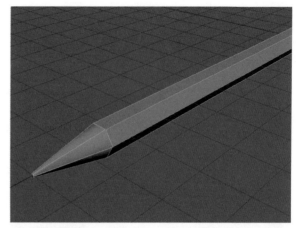

エッジを選択

本サンプルでは、ベベルの割合の値に
は「0.2」を設定しています。好みで自由
に変更してください。

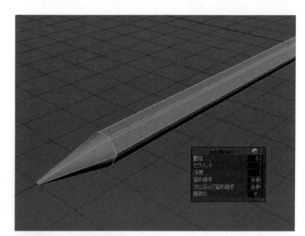

側面にもベベルを設定

マルチカットでエッジの中間あたりを
左マウスボタンでクリックし、[Enter] で
頂点を増やします。

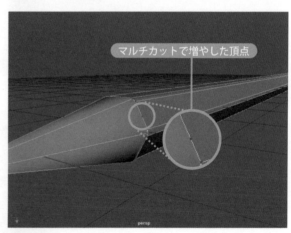

マルチカットで増やした頂点

頂点を追加

追加した頂点をすべて選んで −Z 軸方向
へ適宜移動させ、鉛筆の「削り」を表現
します。

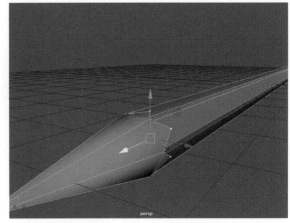

ポリゴン円柱で設定

反対側（頭の部分）には、少し丸みを
付けるためにベベルを適用させますが、
ベベルはコンポーネント（フェース、頂
点、エッジ）の構造の影響を大きく受け
るので、側面のベベル設定で作られた小
さなフェースが少し邪魔です。

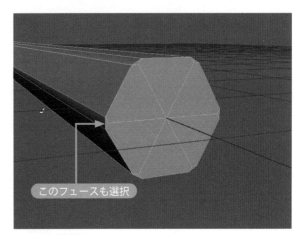

このフェースも選択

フェースを選択

小さなフェースも含めてすべての
フェースを選択して削除し、それから
エッジをダブルクリックでループ選択し
ます。

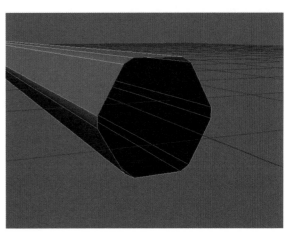

エッジを選択

メニュー：メッシュ▶穴を埋めるを選択してフェースを作成します。

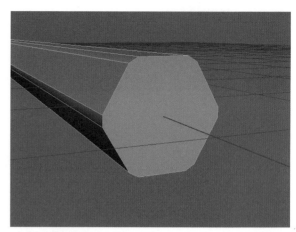

フェースを作成

作成したフェースを選択して、ベベルを適用します。

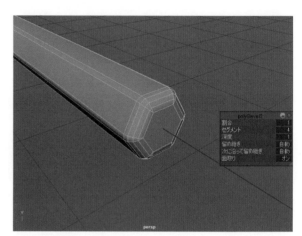

ベベルを適用

シンプルなモデリングの鉛筆が完成しました。

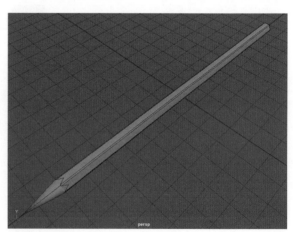

完成した鉛筆

StepUP
ヒント　**オブジェクトを真ん中に！**

「アウトライナ」ではオブジェクトが選択できるが、どこにあるかわからない時、カメラを動かすのが面倒な時、モデリングを続けていると、カメラを移動してもオブジェクトを中心で操作できない時など。

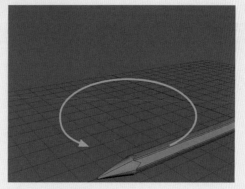

真ん中で回転できない！

　そんなときは [Ctrl] + [F] で選択オブジェクトをカメラの真ん中にもってきましょう。実際にはカメラがオブジェクトを中心に表示する位置に移動してくれます。

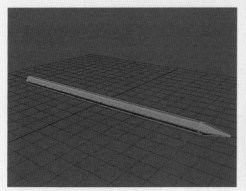

[Ctrl] + [F] でビューポートの真ん中に！

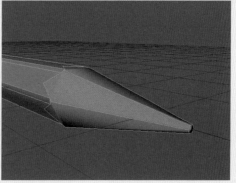

コンポーネントモードでも OK

（2）鉛筆の UV 編集

　次に、完成した鉛筆の UV を作成して編集します。この演習では、UV ツールキットの使用を中心に少し精度を上げて作成、編集してみましょう。「UV 編集」には UV エディタと UV ツールキットが表示される「ワークスペース」が便利です。

鉛筆はポリゴン円柱から作成したので、すでに UV が存在しています。しかし、「コーヒーカップのテクスチャ設定」でも行ったように、UV シェルを選択して既存の UV を削除し、新たに UV を作成しましょう。

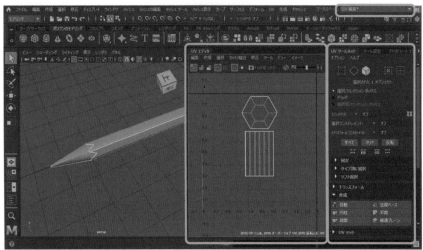

「UV 編集」
ワークスペース

■ UV ツールキット

UV 編集の基本は以下の 9 つの作業です。**UV ツールキット**は、これらの作業を効率良く行うための道具箱といえます。少しずつ活用の幅を広げましょう。

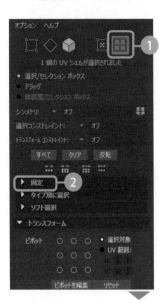

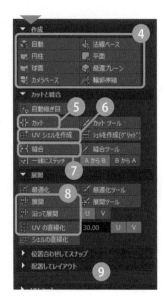

① **選択する**：UV シェルを選択します。

② **固定する**：UV シェル／フェース／頂点／エッジを固定することが可能です。

③ **移動、変形する**：UV シェル／フェース／頂点／エッジを移動／回転／スケール／反転します。

④ **UV を作成する**：8 種類の中から展開方法（UV の作成方法）を選びます。

⑤ **カットする**：フェース／頂点／エッジをカットします。

⑥ **UV シェルを作成する**：選択したフェースを UV シェルとして切り出します。

⑦ **縫合する**：フェース／頂点／エッジを縫合（つなぐ）します。

⑧ **展開する（展開／沿って展開／ UV の直線化）**：作成した UV を扱いやすい形に変形します。

⑨ **整理する**：選択された UV シェル／フェース／頂点／エッジなどを領域内で再配置します。

まず、UV を作成する前にエッジを削除して、フェースを少し整理します。

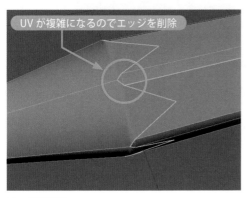
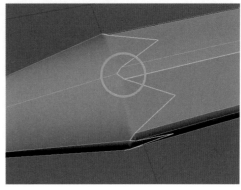

エッジを選択　　　　　　　　　　　　　　　　　　**[Delete] で削除**

既存の UV を選択して [Delete] で削除してから、新たに UV を作成します。

今回は、個別にフェースを選択しながら UV を作成します。まずは先端部分のフェースを選択します。裏側のフェースも選択されているかしっかりと確認しましょう。

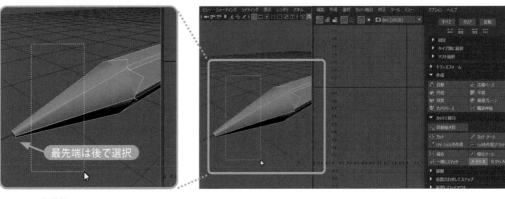

フェースを選択

ホイールボタンで［平面］ボタンをクリックすると、Y軸方向からのUV投影を行います。マウス左ボタン：X軸、マウスホイール：Y軸、マウス右ボタン：Z軸に対応しています。覚えておくと便利ですね。

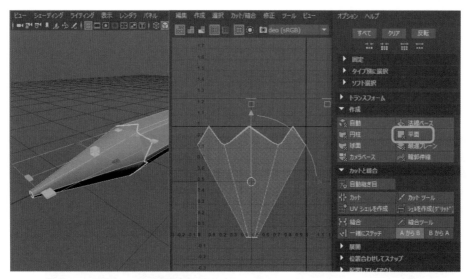

ホイールボタンで［平面］ボタンをクリック

白く太い線はUVがカット（境界）された部分を示します。

作成したUVのエッジを一か所選択して［カット］ボタンを押し、UVをカットします。袋状になっていたUVの一部がカットされ、展開可能となります。

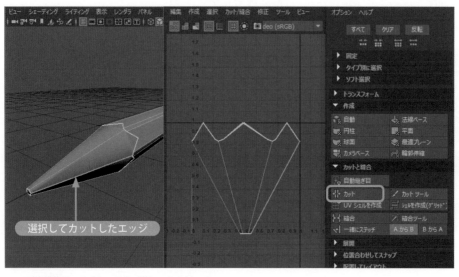

エッジを選択して［カット］ボタンをクリック

UV シェルで UV を選択し、［沿って展開］ボタンを押して展開します。展開が済んだ UV は移動して端に避けておきましょう。

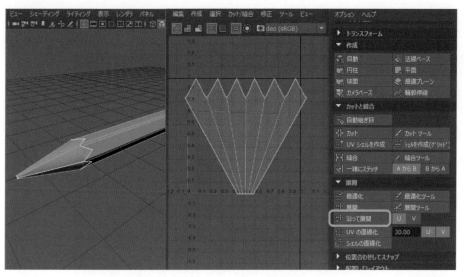

展開された UV

鉛筆の芯にあたる最先端部分のフェースを選択し、右マウスボタンで［平面］ボタンをクリックして Z 軸方向からの UV 投影を行います。

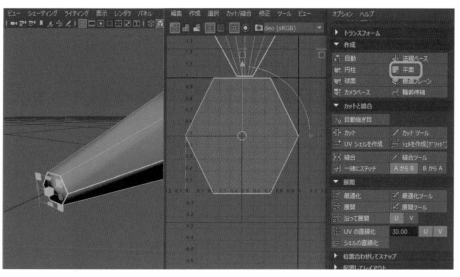

最先端部分の UV

　次は、鉛筆の本体部分です。こちらもフェースの選択モードで選択し、ホイールボタンで［平面］ボタンをクリックして、Y軸方向からのUV投影を行います。

　UV投影を行った後は、先端部分と同様にエッジを選択して［カット］ボタンを押し、「沿って展開」を行います。

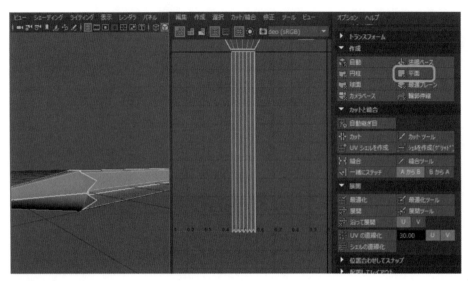

本体部分のUV展開

　最後は頭の部分です。こちらは少し複雑なメッシュ構造をしています。パネルメニュー：パネル▶正投影▶ side のビューに変更して、矩形の選択域で選択しましょう。

　この部分には単色のテクスチャを適用させる予定ですので、これ以上の展開は必要ありません。

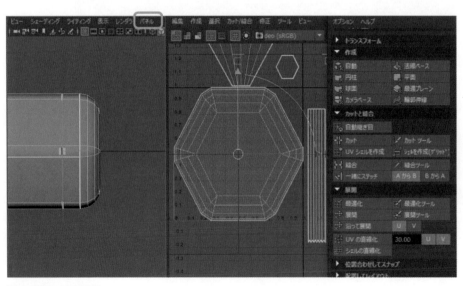

頭の部分のUV展開

すべての UV が展開できれば、チェック柄を表示して大きさをそろえましょう。芯の先端や頭の部分は単色の予定ですので、厳密に調整する必要はありませんが、チェック柄が正方形に近く、どの UV でも同じような大きさに見えるように調整してください。

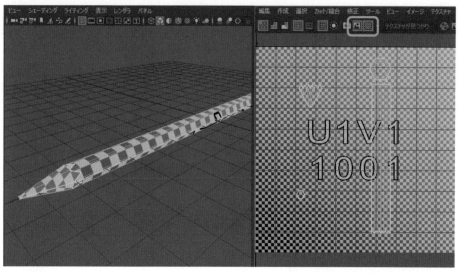

UV の整理

（3）テクスチャの作成とレンダリング

最終的に文字がレイアウトしやすいように横に配置しました。UV の大きさと配置が確定すれば、UV スナップショットで UV 画像を作成して保存します。

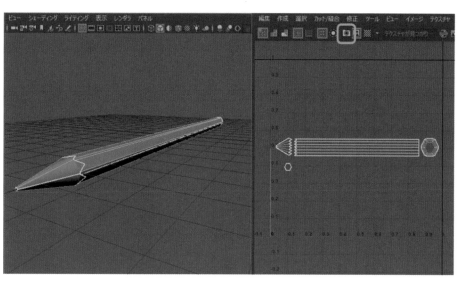

完成した UV

　テクスチャはコーヒーカップのテクスチャと同様に Adobe Photoshop で作成し、PNG 保存しました。

　マテリアルは、「標準サーフェス」を 1 つ簡単に設定し、作成したテクスチャを配置しました。「標準サーフェス」一つだけですので、本体、削られた木の部分、芯はすべて同じ質感です。ライトは簡易に「aiSkyDome Light」を設置し、レンダリングを行いました。

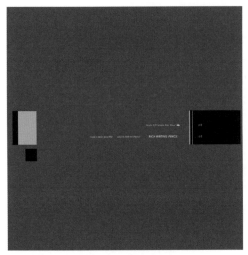

完成したテクスチャとレンダリング結果

UV 編集って時間かかるよね。

6・4 ［演習］ ノード設定で黄色い葉を作成

　コーヒーカップへのマッピングではマーキングメニューやアトリビュートエディタを利用しましたが、この方法は思いのほか手間が多く面倒です。これらの作業を「ハイパーシェード」の作業領域（グラフ）でノードを扱うことにより、素早く適用させることが可能です。

　ここでは、黄色い葉のマッピングを例に、良く利用される4種類のテクスチャを、ノードを使ってマッピングしてみましょう。

サンプルファイル

```
mayaStarterBookSbS¥scenes¥Step06¥yellowLeaf.mb
```

■ ワークフロー

（1）使用するテクスチャの確認

（2）シーンの準備

（3）ノードによるマッピング

（1）使用するテクスチャの確認

　テクスチャの元となる画像は、実際の葉を撮影し、Photoshop で切り抜き処理を行いました。板状のポリゴンにマッピングを行い、葉以外の部分はポリゴンも透過させます。

　厚みはありませんが、葉をモデリングする必要はありませんので、複雑で平面的、しかも数多く同様の表現が必要な場合には良く利用される方法です。ポリゴンを透過処理するためのマスク用のテクスチャも必要となりますので、Photoshop で同時に作成しています。

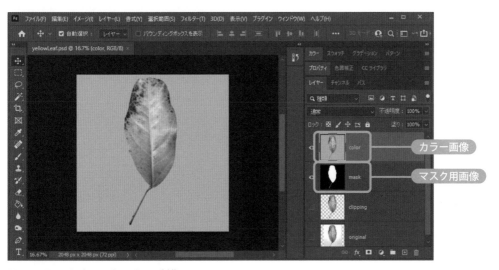

Photoshop によるテクスチャの制作

スペキュラ（鏡面反射光）テクスチャとノーマルマップ（法線マップ）用のテクスチャは、テクスチャ作成サイト「NormalMap-Online」を利用しました。

以下、使用する主なテクスチャと対象のアトリビュートについて説明します。

■ カラーテクスチャ

見た目の基本的なテクスチャとなります。color、diffuse、albedo などのファイル名が付けられていることが多いでしょう。

色（柄）を表示するための基本テクスチャ

■ マスクテクスチャ

葉以外のメッシュ部分を透過するためのテクスチャです。通常は白黒の画像ですので確認も容易です。オブジェクトに配置した場合、基本的には黒い部分が透過します。

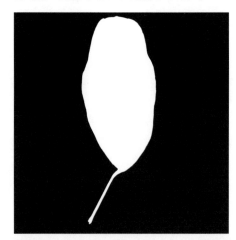

透過のためのマスクテクスチャ

■ スペキュラ（鏡面反射光）テクスチャ

鏡面反射光をコントロールするグレースケールの画像です。

反射のためのスペキュラ（鏡面反射光）テクスチャ

■ バンプテクスチャ

凹凸を表現するバンプには、バンプマップと
ノーマルマップ（法線マップ）があります。バン
プマップはグレースケール画像ですが、より精度
の高いノーマルマップは水色を基調とした画像が
利用されます。

3D ソフトで作成するのが正しい方法ですが、こ
こでは簡易に、平面の画像からテクスチャ画像を
作成するサイト「NormalMap-Online」で作成した
ノーマルマップを使用します。

**疑似的な凹凸を表現するノーマルマップ
（法線マップ）**

（2）シーンの準備

シーンに必要なものは、黄色い葉をマッピングする平面と「Skydome Light」だけです。

「Skydome Light」の設定については、Step 5 の 5.4「（2）スカイドームライトの設定」を再度
確認してください。本書のサンプルではその他に、影を落とすためのシャドーマットを設定しま
した。

「Skydome Light」による HDRI の設定
は単なるライトと背景画像の設定ですの
で、影を落とすためのオブジェクトがあ
りません。**シャドーマット**は、簡単に利
用できる影専用のマテリアルです。試す
場合は葉の設定が終わった後に作成しま
しょう。

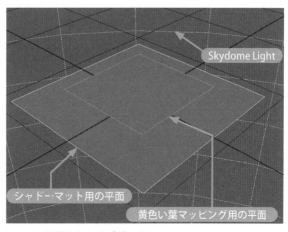

Skydome Light

シャドーマット用の平面

黄色い葉マッピング用の平面

シーンに設置されたオブジェクト

> **StepUP ヒント　シャドーマット**
>
> シャドーマットの設定は非常に簡単です。ポリゴンプレーンを作成し、Arnold ▶ aiShadowMatte を選択して適用させるだけです。
>
>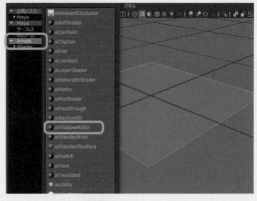
>
> **シャドーマットの設置**

（3）ノードによるマッピング

　Maya を使い始めると、ノードと言う言葉が自然と目に入り気になるでしょう。**ノード**とは、Maya を構成する一つ一つの機能のことです。別の言い方をすれば、Maya の 3D はノードの集まりとも言えます。

　ノードは、マテリアル固有のものではありませんが、利用する最初のきっかけはテクスチャマッピングかもしれません。

　ノードのことを深く理解しなくても良いので、まずは便利な利用方法だけを試して、その使用に慣れましょう。

　この演習では、ノードによるマッピングの手順を紹介します。

　アイコンボタン（ ⬤ ）、または**メニュー：ウィンドウ▶レンダリングエディタ▶ハイパーシェード**で「ハイパーシェード」ウィンドウを表示します。

①「作成」パネルの上部にある「Maya」を選択して「標準サーフェス」を作成します。

②「標準サーフェス」のノードが作業領域（グラフ）に表示されます。名前の欄をクリックして適宜変更しておきましょう。

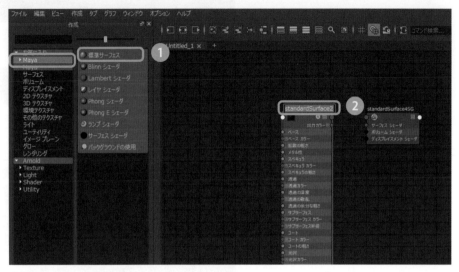

「標準サーフェス」を作成

③ ビューのオブジェクト（ここでは黄色い葉を設定する平面）を選択して、ノードの上部で右マウスボタンを押してマーキングメニュー：マテリアルをビューポート選択に割り当てを選択します。これによって、マテリアルが選択されているオブジェクトに適用されました。

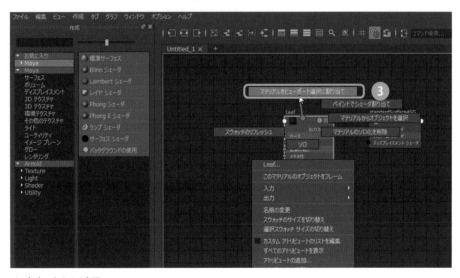

オブジェクトに適用

テクスチャ画像は Windows のエクスプローラーから直接ドラッグ＆ドロップして読み込むことができます。

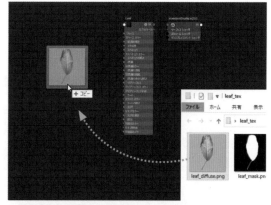

ファイルをドラッグ＆ドロップ

「2D 配置」と「ファイル」のノードが現れました。

簡単に読み込むことが可能なため、まずはテクスチャ画像をマッピング後、移動の発生しない場所に保存しておきましょう。同時に複数のファイルを選択して読み込むことも可能です。

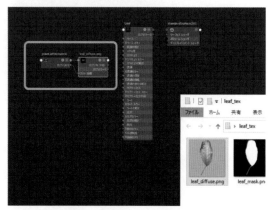

現れた「2D 配置」と「ファイル」

4つのファイルをすべて読み込んだら、レイアウトを整理しましょう。

ノードの流れは左（出力）から右（入力）へとレイアウトします。

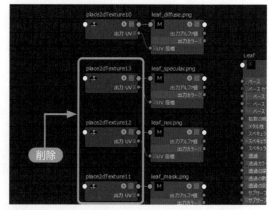

読み込まれたファイル

テクスチャの位置や繰り返し回数を設定する「2D 配置」は、各ファイル共通の設定ですので、一つにまとめた方が設定変更するときも便利です。一つを残して [Delete] で削除しましょう。

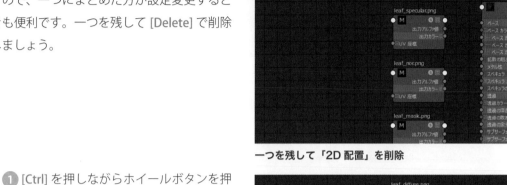

一つを残して「2D 配置」を削除

❶ [Ctrl] を押しながらホイールボタンを押して、「2D 配置」の出力から ❷ 「ファイル」の入力にドラッグ＆ドロップすると、関連したアトリビュートを自動で接続します。

すべてのテクスチャを再接続しましょう。

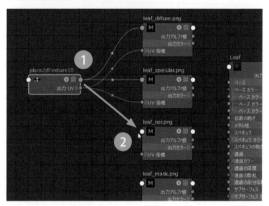

「2D 配置」の再接続

次に、各テクスチャからシェーダー（標準サーフェス）のアトリビュートへは、左マウスボタンでドラッグ＆ドロップして接続します。繋ぐ場所を間違った場合などは、接続されている線を選択して [Delete] で削除できます。

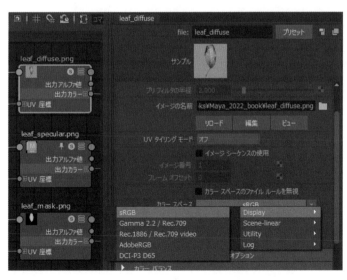

leaf_diffuse.png のカラースペース

157

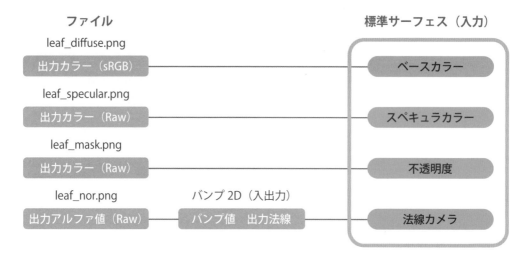

ノード接続設定

ノーマルマップ（法線マップ）の接続は少し複雑です。

①「作成」の「Maya」を選択し、②検索窓に「2d」と入力して、③表示された「バンプ 2D」
をクリックして「バンプ 2D」を作成します。

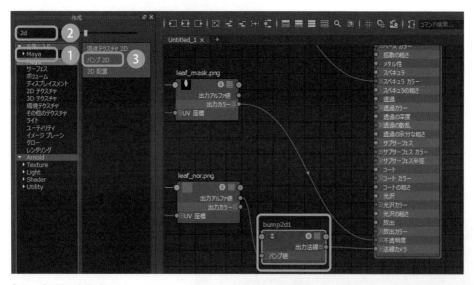

「バンプ 2D」を作成

バンプ 2D ▶ Effects ▶ Bump Filter は
「接線空間法線」に設定しましょう。

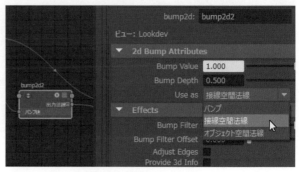

Bump Filter を「接線空間法線」に設定

このように、ノードによるテクスチャマッピングは、テクスチャの読み込みから接続までの設定をアトリビュートエディタで行うよりも素早く行うことが可能です。

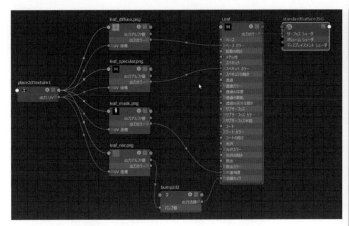

完成したノード接続

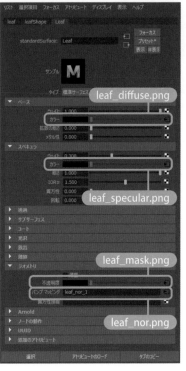

ノードでテクスチャを接続した各アトリビュート

※ Color Space の設定は leaf_diffuse.png 以外、全て Raw で統一しています。

■ シーンをレンダリング

ノードの接続が完成すれば、メニュー：Arnold ▶ Render で結果を確認します。マテリアルの各アトリビュートは簡易な設定ですので、マッピングする素材によってさらに調整が必要でしょう。

本書のサンプルファイルでは「カラー補正」ノードを繋ぎ、色の調整も行いました。「カラー補正」で調整するには HSB（色相、彩度、明度）やガンマ値に関する知識が必要となります。

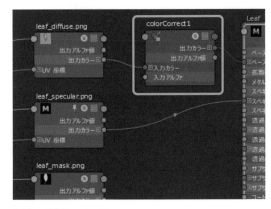

「カラー補正」ノード

レンダリングした「黄色い葉」

StepUP ヒント **UV セットとレイヤテクスチャ**

基本的には一つのオブジェクト（サーフェス）にテクスチャ
の UV 座標は一つですが、**UV セット**を作成すると複数の UV
座標を設定することが可能です。

UV セットエディタで
UV を作成

リレーションシップエディタでは UV
とファイルの関係を設定します。

リレーションシップエディタ

マテリアルに対して複数のテクスチャを配置する重ね合わせの表現は、**レイヤテクスチャ**を利
用することによって可能となります。

ノードの接続例

レンダリング結果

ライト、カメラ、レンダリング

ライト、カメラ、レンダリングの基本を理解して 3D オブジェクトを作品へと変えましょう。

7·1 ライト

　ライトが無ければ何も見えません。ライトは 3D 空間を照らすための必須の要素です。

　モデリング中にはその存在も忘れられがちですが、3DCG 作品のみならずビジュアルイメージの制作にとって、ライト（照明）は作品の良し悪しを決定付ける重要な要素の一つです。

　現在の Maya のバージョン（Maya 2017 以降）では、Arnold が標準のフォトリアルなレンダーエンジンとして設定されています。本書でも、Arnold レンダラーを前提としたライト設定を紹介します。

HDR 画像を利用したライティング

ライトの設置

　ライトは大別して、野外と室内、直接光と間接光をイメージして設置します。撮影技術の基本である「キーライト（メイン）」、「フィル（補助）」、「バック（逆光）」の三つの光源からなる「三点照明」を参考にしても良いでしょう。

　ライトの設定は、光の設定であると同時に影の設定でもあります。光と影は作品のリアリティや感情表現に大きく作用しますが、その表現技術のスキルアップは、写真や映像作品、映画を見ることによって養われます。

　3DCG 作品では、通常、ライトが増えると光に関する計算時間が増え、結果としてレンダリング時間やノイズの増大につながります。効果のはっきりとしないライトの設置は行わないようにしましょう。

■ ビューポートでのライトの確認

　ライトの正確な効果を確認するためには最終的にレンダリングが必要ですが、ビューポートで「すべてのライトを使用」（）を有効にすると、ライトの状態を簡単なプレビューで確認することができます。

　なお、スカイドームライトに関しては、「すべてのライトを使用」を有効にしてもビューポート（ビューポート 2.0）では確認できません。

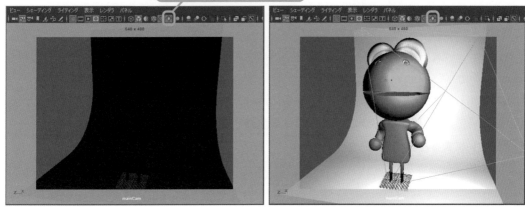

ライトがない、または十分な光量がない　　**ライトがあり、十分な光量がある**

■ ライトエディタ

　ライトエディタでは、シーンに設置されているライトを一覧管理、設定できます。メニュー：ウィンドウ▶レンダリングエディタ▶ライトエディタを選択するか、または［ライトエディタ］ボタン（）を押して表示してください。

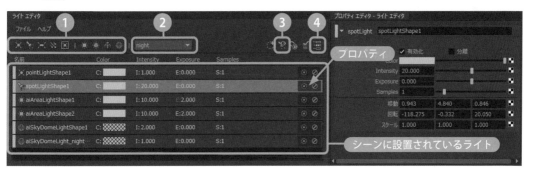

ライトエディタ

① ライトを新規作成

② レンダーレイヤの切り替え

③ 選択したライトからのビューを表示

④ プロパティエディタを表示

Arnold レンダラーで使えるライト

　メニュー：作成▶ライトで作成するライトには、旧来の Maya のライトが並びます。これらのうち、「アンビエントライト」と「ボリュームライト」は Arnold レンダラーに使用できませんので注意してください。

　Maya のライトで Arnold 対応のライトには、「Arnold」設定項目が用意されています。

■ Maya 標準のライト

　メニュー：作成▶ライトで作成するライトには、Maya 標準のライトが並びます。

　各ライトに共通の重要な要素は、カラー（Color）、強度（Intensity）、露出（Exposure）です。強度は輝度設定ですので、「0」にするとライトは発光しません。

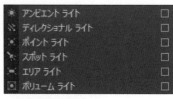

Maya 標準のライト

　光量の設定は強度だけで可能ですので、慣れないうちは強度だけを設定しましょう。Arnold 項目の Exposure を利用するとより柔軟な設定が可能ですが、理解が進んでからで良いでしょう。

　各ライトの Normalize はライト強度と大きさを正規化します。無効にすることによってライトサイズが強度に関係し、有効にするとライトの強さはライトサイズに関係しません。

アンビエントライト

　環境光です。Arnold レンダラーには使用できません。

ディレクショナルライト

　太陽光を模した平行光です。「Arnold」の設定項目があります。

　ライト方向の設定のみ意味を持ち、大きさ、位置は効果に影響しません。Angle は、影のぼかし幅になり、大きな数値設定でソフトな光となります。

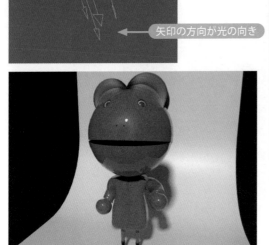

矢印の方向が光の向き

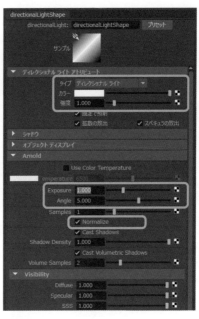

ディレクショナルライトの使用例

ポイントライト

全方向に均等に照射されるライトです。電球やロウソクの光の表現に適しています。

Radius は半径の指定で、「0」で点光源となります。

位置の設定のみ意味を持ち、大きさ、角度は効果に影響しません。

※初期設定（減衰率▶減衰なし）の場合です。

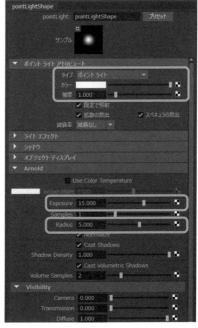

ポイントライトの使用例

スポットライト

円錐状（円錐から四角錐）のスポットライトをシミュレーションします。

円錐角度はスポットの大きさ、**周辺部の角度**はスポット周辺部のぼかし幅の設定となります。

位置と角度の設定は有効ですが、大きさは効果に影響しません。

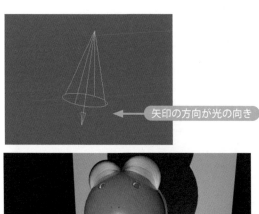

矢印の方向が光の向き

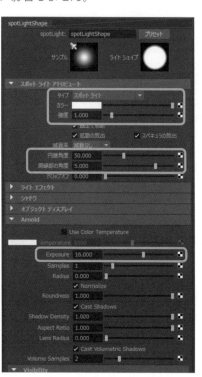

スポットライトの使用例

エリアライト

四角形のライトです。Arnold の Area Light（エリアライト）と同様のライトです。**Exposure** の値を少し上げた方が設定しやすいでしょう。Normalize をオフに設定しました。

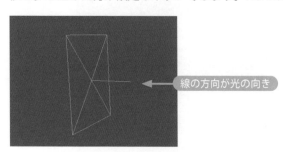

線の方向が光の向き

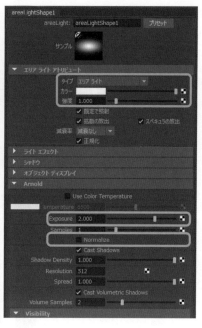

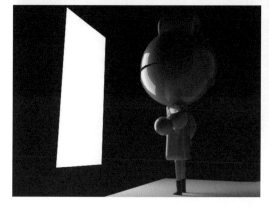

エリアライトの使用例

ボリュームライト

　霧の中のライティングのように光の軌跡が表現可能です。Arnold レンダリングには使用できません。Arnold による同様の表現は Fog Attributes などによって行います。

■ Arnold ライト

　メニュー：Arnold ▶ Lights で作成するライトには、Arnold 用のライトが並びます。

　Maya ライトと同様に先ずは Intensity の値を大きく（100 ～ 1000）設定してみましょう。

Arnold ライト

Area Light（エリアライト）

　Light Shape で四角（quad）、円柱（cylinder）、円盤（disk）の形状設定が可能です。必要な光源形状に合わせて利用します。例えば円柱は棒状の表現が可能で、蛍光灯などに適しています。

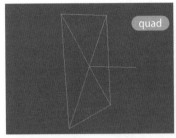

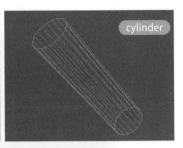

Area Light の使用例

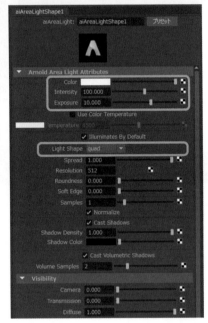

Skydome Light（スカイドームライト）

　球状の環境光です。HDR画像を配置することにより画像の光源情報を利用した環境照明が可能です。**Portal Mode** はライトポータルの効果を設定します。

　Visibility ▶ Camera の値を「0」に設定すると、背景を透過してレンダリング可能です。

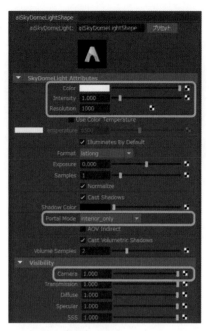

Skydome Light の例

Mesh Light（メッシュライト）

　ポリゴンオブジェクトをライトとして設定できます。自由な形のライトが作成できますので、ネオン管などの表現には最適です。

　メッシュのスムージング設定は無効となります。

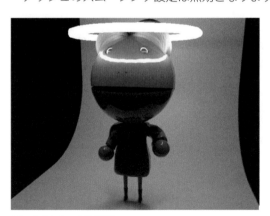

Mesh Light の使用例

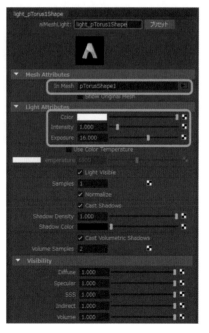

Photometric Light（フォトメトリックライト）

　実際のライトデータ（IES ファイル）を読み込んだライト設定が可能です。

Light Portal（ライトポータル）

窓や入口などの開口部に設置して Skydome Light の光によるノイズを減らします。

Physical Sky（フィジカルスカイ）

実際の太陽と大気などの状態を自由に設定し、光源とすることが可能です。

［演習］夜と昼のライティング

6000 ポリゴン以下の簡単な景観モデルを作成し、野外における夜と昼のライティングの設定例を紹介します。

■ 夜のシーンのライティング

夜のシーンのライティングでは、しっかりと明るい部分と暗い部分のメリハリをつけて、フラットな陰影とならないように注意しましょう。

地球灯りに照らされた静かな夜

設置した「ライト」の種類と位置

部屋の中を照らすライトは「Aria Light」を「cylinder」に設定して、窓から漏れる光を表現しています。

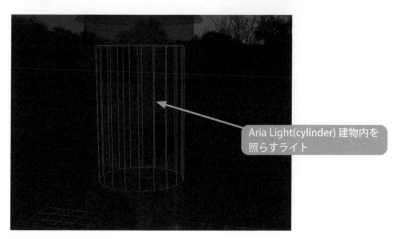

Aria Light(cylinder) 建物内を照らすライト

建物内を照らすライト

建物の入口には、ポイントライトとスポットライトを設置しました。ポイントライトは実際に入口を照らすライトのイメージですが、木製の桟橋を照らす光としては設定が難しかったため、補助ライトとしてスポットライトを設置しました。

特徴的な設定は、ネオンサインと回転灯を「放出」で設定していることです。

「放出」はマテリアルの設定で、実際のライトとしては利用できません。よりライトらしい設定が必要な場合はメッシュライトを利用するのが良いでしょう。

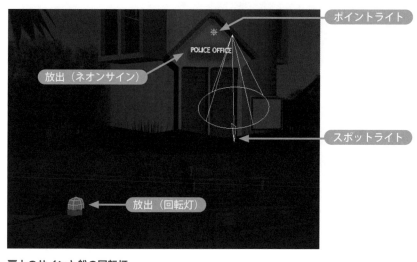

ポイントライト

放出（ネオンサイン）

スポットライト

放出（回転灯）

扉上のサインと船の回転灯

背景は、スカイドームライトに夜のシーンの HDR 画像をマッピングしています。夜空に浮かぶ地球は、平面に地球の画像をマッピングし、「放出」により明るさを与える調整を行っています。

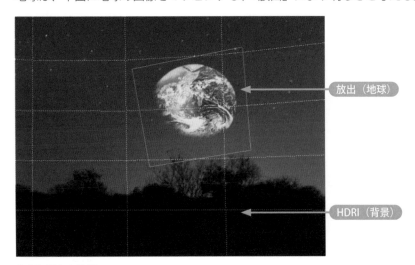

放出（地球）

HDRI（背景）

夜空に浮かぶ地球

■ 昼のシーンのライティング

光は影の強さによって表現されます。光と影を意識してライティングを行いましょう。

青空に眩しい太陽が降り注ぐ昼

設置した「ライト」の種類と位置

HDRI だけの光源では手前が暗くなりすぎたので、補助ライトとして Aria Light(quad) を設置しました。

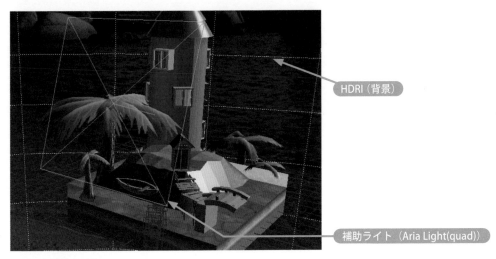

HDRI と補助ライト

夜のシーンで建物内部を照らしていた Aria Light(cylinder) を完全にオフにしてしまうと暗くなりすぎるので、有効のままに値を調整しました。

その他、建物の入口付近のポイントライトとスポットライトは [H] で非表示にし、船の先端の回転灯と入口のネオンサインの放出の値は若干低く設定しました。

背景は、スカイドームライトに昼のシーンの HDR 画像をマッピングしました。

各ライトの明るさ調整

7・2　カメラ

最終的な画像をレンダリングするのは「カメラ」の役目です。

シーンの良し悪し、つまり作品の質を決定づける最も大きな要素の一つに構図があります。

構図

カメラによって設定される**構図**とは、制作者の視覚そのものです。そのため、人の心を動かす構図を作成するには、その作品によって何を訴えたいかを考え視覚を共有する感覚が必要です。

3DCG の空間内ではカメラを自在に設置し、自由に扱えます。しかし、そのことがかえって不自然な「カメラワーク」につながり、リアリティを失う大きな原因の一つとなります。制作者自身が 3DCG 空間に入り込んでカメラを手にしたつもりでカメラワークを行う必要があります。

カメラの種類と作成

■ 既定のカメラ

新しく作成されたシーンには、「persp」、「top」、「front」、「side」の 4 つの既定のカメラが設置されています。これらはレンダリングに使用することもできますが、一般的には作業用カメラとして扱います。

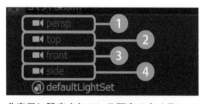

非表示に設定されている既定のカメラ

① **persp**：遠近の効いた透視カメラです。

② **top**：上部（+Y 軸）から撮影する正投影カメラです。

③ **front**：前方（+Z 軸）から撮影する正投影カメラです。

④ **side**：横方向（+X 軸）から撮影する正投影カメラです。

正投影カメラと透視カメラの設定変更は、アトリビュートエディタ：正投影ビュー▶正投影のチェックで可能です。

■ カメラの作成

カメラを作成するには、メニュー：作成▶カメラ以下にある、カメラ、カメラおよびエイム、カメラ、エイム、アップの三種類のいずれかを選びます。

これら三種類のカメラは、後述するエイムやアップの設定が可能かどうかという点が異なります。それぞれのカメラ本体の機能に違いはありません。

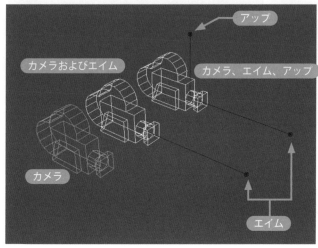

作成時の三種類のカメラ

カメラ

標準的なカメラです。アトリビュートエディタ：カメラアトリビュート▶コントロールによりカメラの種類を変更できます。

カメラおよびエイム

撮影対象に絶えずカメラを向けることができる**エイム**の設定が可能です。次の図は、ポリゴン円錐を親に、カメラエイムをペアレント（コンストレイント）設定した例です。ポリゴン円錐の動きに追従してカメラの向きが変わります。

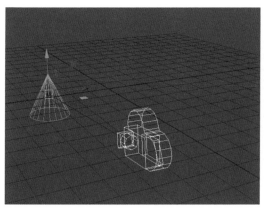

エイムをポリゴン円錐にセット

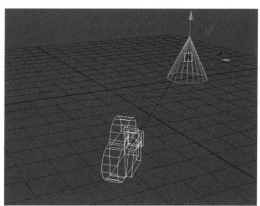

ポリゴン円錐に追従するカメラ

カメラ、エイム、アップ

エイムに加え、カメラの上方向を操作する**アップ**の設定が可能です。

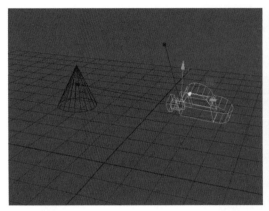

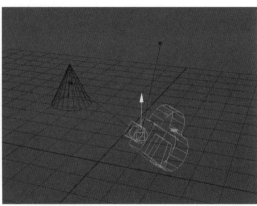

アップを設定　　　　　　　　　　　　　　カメラ上部が常にアップを向く

StepUP ヒント　　**便利な「ビューからカメラを作成」**

既定の「persp」カメラなどでビューを調整しているときに、「カメラを作成してビューを決めれば良かった！」などと後悔することがあります。

そんな時は、パネルメニュー：ビュー▶ビューからカメラを作成を選択すると、現在表示しているビューに対応したカメラが作成可能です。

作成したカメラにビューを切り替えてロックすることを忘れないでくださいね。

■ カメラの切り替え

パネルメニュー：パネルのパースビューまたは正投影から選んでください。カメラの名称設定はアウトライナで行いましょう。

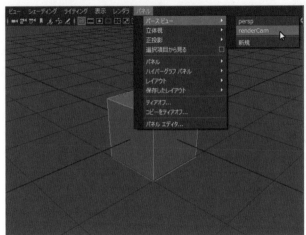

パースカメラを切り替え

Arnold ▶ Camera Type の設定では VR カメラや正投影カメラなどの各種設定が可能です。初期設定の「perspective」が通常のカメラとなります。

通常のカメラタイプは「perspective」

■ カメラのアトリビュート

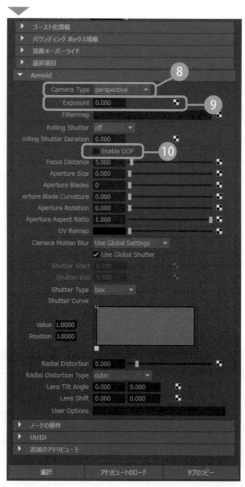

カメラのアトリビュート

① カメラ名

カメラ名の変更はアウトライナで行いましょう。

② コントロール

「カメラ」、「カメラおよびエイム」、「カメラ、エイム、アップ」を選択できます。

③ ビューアングル、焦点距離

カメラの設定では最も重要な項目です。一般的なカメラで言えば、広角から望遠の設定となります。ビューアングルと焦点距離の設定は互いの影響を受けますので、実際のカメラの設定値に拘らなければ、見た目だけでどちらかの値を調整すれば良いでしょう。

標準的な焦点距離が決められているわけではありませんが、一般的には 35 mm から 50 mm 程度です。Maya の初期設定で作成されるカメラは 35 mm に設定されています。広角の決まりもありませんが、35 mm 以下と考えて良いでしょう。また望遠も同様に 50 mm 以上と

なります。次の図では、作成したカメラの焦点距離のみを変更して画角の違いを確認しています。

カメラのスケール

1が基本の設定となります。値を小さくするとカメラの撮影域が大きくなり、大きくすると撮影域が小さくなります。撮影域の拡大／縮小と考えればよいでしょう。

ニアクリッププレーン、ファークリッププレーン

カメラが映る範囲（近景と遠景の範囲）を設定します。例えば、小さな物のモデリングを行い、近づくと欠けた、見えなくなったなどの場合は、ニアクリップの値を小さくしてみましょう。また、大きな物のモデリングを行い、表示が欠けた場合などはファークリップの値を大きくします。

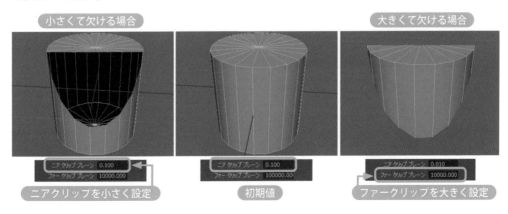

6 被写界深度

ピンボケは被写界深度の設定を有効にすることによってレンダリング可能となります。これは「Mayaソフトウェア／ハードウェア2.0」用の設定となります。「Arnold」で設定する場合は、混乱の原因となりますのでこちらの設定には入力しないようにしましょう。

7 ロケータのスケール

カメラの見た目の大きさを調整可能です。単位を「メートル」に設定し、カメラが小さく表示された場合などに値を設定してください。

スケールツールによるカメラの大きさ変更は、思わぬ不都合につながりますのでやめましょう。

8 Camera Type

Arnold レンダーの設定です。各種の特別な撮影方法が可能です。「perspective」（パースカメラ）は初期で設定されている標準的なカメラです。

9 Exposure

Arnold レンダーの設定です。カメラの露出を設定します。マイナス値で暗く、プラス値で明るくなります。

10 Enable DOF

被写界深度の設定を有効にします。3DCG ソフトには物理的なレンズが無く、そのままではピントがボケません。近くや遠くをピンボケさせたいときに設定します。

まず、メニュー：ディスプレイ▶ヘッドアップディスプレイ▶オブジェクトの詳細を有効にし、ピントを合わせたいオブジェクトを選択することによって距離が表示されます。

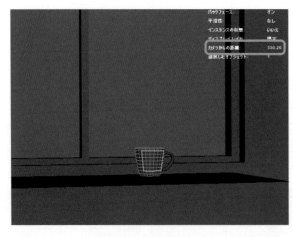

カメラからの距離を測る

カメラのアトリビュートエディタ：Arnold ▶ Enable DOF を有効にし、Focus Distance にオブジェクトまでの距離を入力します。

Aperture Size にはピンぼけの程度を入力します。少し大きめの値から小さい値へと試すとイメージがつかみやすいでしょう。

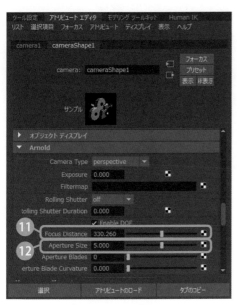

Arnold レンダーの被写界深度設定

⓫ Focus Distance（合焦距離、焦点距離）

ピントを合わせる対象のオブジェクトまでの距離を入力します。

⓬ Aperture Size（F ストップ、F 値絞り）

カメラの絞り設定に相当します。値を低くするとピントが合う範囲が狭く大きくすると広くなります。小さな値では、2.8、4、大きな値では16、22、32 などの設定となります。ボケ具合の調整と考えて良いでしょう。

　次の画像は、コーヒーカップにピントを合わせ、被写界深度設定を行ったレンダリング結果です。ビューポートではプレビューされませんので、Arnold レンダリングを行い、確認してください。

レンダリング結果

7・3 ［演習］カメラで写真に 3DCG 合成

「カメラ」の項目に用意されているイメージプレーンの利用例として、写真に 3DCG を合成して
レンダリングしてみましょう。

※主に下絵の配置に利用する、パネルメニュー：ビュー▶イメージプレーン▶イメージの読み込みで設
定するイメージプレーンとは別の設定となります。

サンプルファイル

mayaStarterBookSbS¥scenes¥Step07¥cupImageplane.mb

■ **ワークフロー**

（1）完成画像と素材の確認

（2）イメージプレーンの設定

（3）オブジェクトを画像に合わせる

（1）完成画像と素材の確認

こちらが完成の画像です。3DCG で作成したコーヒーカップを既存の写真に合成しました。

完成画像

使用するファイルは、Step 6 で作成したコーヒーカップと合成を行うためのイメージプレーンに使用する画像です。画像は pexels.com から入手しました。

合成に使用する画像

（2）イメージプレーンの設定

　合成に使用する画像は 1280 × 720 ピクセルで作成されています。

　「レンダー設定」で、レンダリングに使用するカメラを確認して**イメージサイズ▶プリセット▶HD_720**（幅 :1280、高さ :720）を選択すると、レンダリングの有効範囲を表す**解像度ゲート**が、設定する画像と同じ大きさで表示されます。

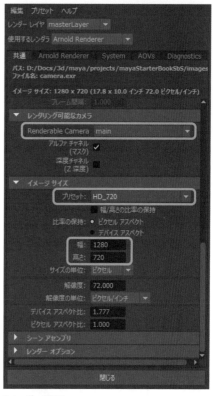

レンダー設定

解像度ゲートを有効にしてカメラのレンダリング範囲を表示します。

解像度ゲートの不透明度は、カメラのアトリビュートエディタ：表示オプション▶ゲートマスクの不透明度で調整可能です。

次に、カメラのアトリビュートエディタ：環境▶イメージプレーン▶作成を押して、イメージプレーンの設定を開きます。

**解像度ゲートと
カメラの設定**

イメージプレーンアトリビュート▶イメージの名前のフォルダアイコンを押してファイルダイアログボックスから画像を選択し、イメージプレーンをカメラに設定します。

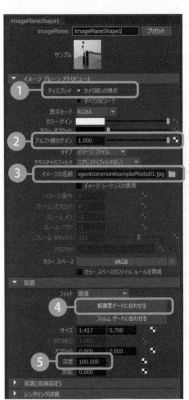

イメージプレーンの設定

① **ディスプレイ**：カメラからのビューのみイメージプレーンを表示します。

② **アルファ値のゲイン**：イメージプレーンの透過度を調整します。

③ **イメージの名前**：カメラに使用するファイルを設定します。

④ **解像度ゲートに合わせる**：解像度ゲートの設定に合わせて、イメージプレーンの大きさを適用させます。

⑤ **深度**：イメージプレーンとオブジェクトの前後位置を調整します。初期値は 100 で、近くは小さい数字、遠くは大きな数字で設定可能です。

■ シャドーマットの設定

コーヒーカップの下には、影を落とすためにシャドーマットを配置しました。

シャドーマットの設定のポイントは、影だけでなく「映り込み」も欲しかったので、**aiShadowMatte ▶ Specular ▶ Indirect Specular** を有効にし、**Roughness**（粗さ）の値を調整しました。

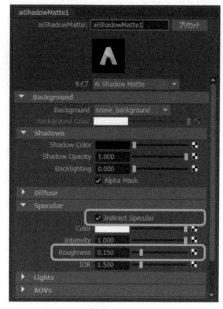

シャドーマットの設定

（3）オブジェクトを画像に合わせる

イメージプレーンの設定が終われば、ビューポートに画像が表示されます。

画像が表示された

ここからが最も難しい作業かもしれません！

カメラの移動、回転、ズームを調整して、オブジェクトを写真のパース（遠近感）に合わせましょう。

　ここでは、コーヒーカップが背景写真のテーブルの上に置かれているように調整します。オブジェクトを動かさないように注意してください。思った位置でパースを合わせることができれば、レンダリングを行い作品の完成です。

うまく遠近感を合わせて！

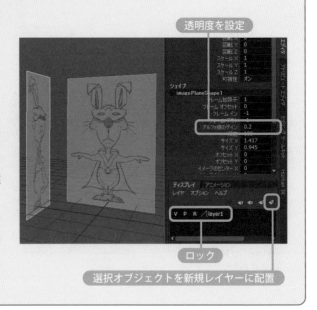

StepUP ヒント　もう一つのイメージプレーン

　Maya にはもう 1 つのイメージプレーンの設定があります。合成に利用したイメージプレーンと同じものですが、こちらの手順は下絵の配置として覚えておくと便利です。

　通常、下絵はモデリングのための参照画像として配置します。そのため、下絵としてのイメージプレーンは、正面の下絵は「front-Z」、横の下絵は「side-X」の正投影の各々に配置します。

　各正投影ビューへの配置はパネルアイコンのイメージプレーンアイコン（　）をクリックして、ファイルを選択するだけです。

　読み込んだ後に、大きさ、透明度を設定し、レイヤーに配置してロックをかけておけば作業の邪魔にもなりません。

透明度を設定

ロック

選択オブジェクトを新規レイヤーに配置

7·4 レンダリング

完成した画像を得るには**レンダリング**が必要です。制作においての最終段階と考えず、何度もレンダリング画像を確認しながら制作を進めましょう。

Maya におけるレンダリング

Maya 2022（2023）で標準に装備され、利用できるレンダラーは、「Maya ソフトウェア」、「Maya ハードウェア 2.0」、「Arnold」の 3 種類となっています。

本書では、トゥーン（アニメ調）からフォトリアルなレンダリングまで可能な「Arnold」を基本として紹介していますが、どのレンダラーを使用するのが正しいといった答えはありません。自分のニーズに合ったレンダリング結果（画像）が得られ、レンダリング時間が短かければ、どのレンダラーを使用してもかまいません。

ここでは 3 種類のレンダリングの違いをみてみましょう。

サンプルの画像は、マテリアルに「standardSurface」（標準サーフェス）、ライトに「aiSkyDomeLightShape」を使用しています。

■ ビューポート 2.0

パネルメニュー：レンダラ▶ビューポート 2.0 で初期設定されており、Maya における制作作業のメイン画面です。同じメニュー項目には「Arnold」も用意されています。描画の速度を気にしなければ、「Arnold」のリアルタイムレンダリングによる編集作業も可能です。

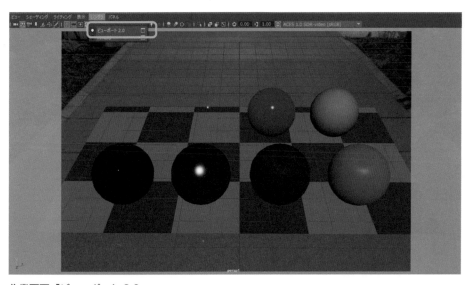

作業画面「ビューポート 2.0」

■ **Maya ソフトウェア**

　Maya ソフトウェアは、多機能ですがプレビューできない項目も多くあり、「Maya ハードウェア 2.0」に比べるとレンダリング時間は長くなります。

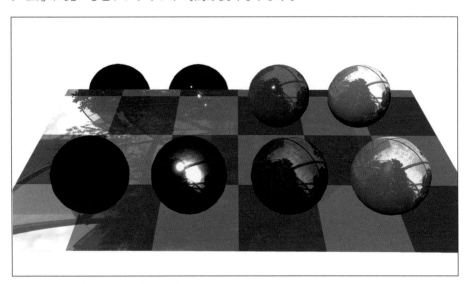

「**Maya ソフトウェア**」レンダリング

■ **Maya ハードウェア 2.0**

　グラフィックボード（GPU）を使用するレンダラーです。

　初期の編集画面は「ビューポート 2.0」に設定されており、「Maya ハードウェア 2.0」と同様の機能により表示されています。

　レンダーレイヤーの未サポートなど、利用できない機能もあります。

「**Maya ハードウェア 2.0**」レンダリング

■ Arnold

Maya 2017 から導入された既定のレンダラーです。

フォトリアルなレンダリング結果が得られますので、最終的な画像出力には「Arnold」を利用することが一般的と言えるでしょう。

Maya 2017 より以前のバージョンでは、NVIDIA 社の「Mental Ray」が既定のレンダラーでした。そのため、Maya 2017 より以前のバージョンで作成されたファイルを開く際にはマテリアルエラーが表示されます。

「Arnold」レンダリング

■ レンダリングとマテリアルとライトの関係

レンダリングとマテリアル、ライトには密接な関係があります。

Maya のエリアライトやスポットライトなど、相互に利用可能なものもありますが、シーンのレンダリング出力に「Arnold」を使用するのであれば、混乱を避けるためにも、マテリアルとライトはすべて「Arnold」の項目から選びましょう。

アトリビュートエディタに「Arnold」項目がある場合は「Arnold」レンダリング時に優先されますので、忘れずに設定を確認してください。

※本書では、マテリアルの項目が日本語化され、「aiStandardSurface（ai スタンダードサーフェス）」との互換性も高い「standardSurface（標準サーフェス）」を使用しています。

レンダー設定

レンダリングに関する設定の中心となる「レンダー設定」ウィンドウは、メニュー：ウィンドウ▶レンダリングエディタ▶レンダー設定を選択するか、または［レンダー設定］ボタン（ ）を押して表示してください。

「レンダー設定」ウィンドウでは多くの設定が可能です。基本的な設定をいくつか、抜粋して紹介します。

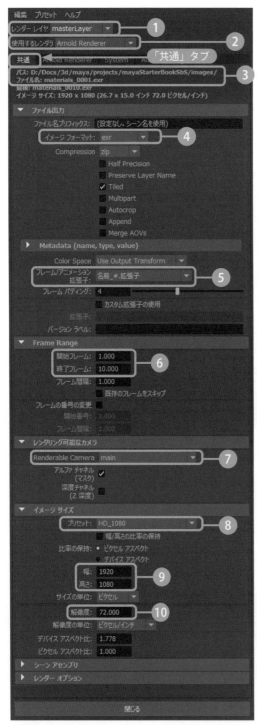

レンダー設定（「共通」タブ）

① **レンダーレイヤ**：レンダリングに使用する
レンダーレイヤを選択します。

② **使用するレンダラ**：レンダリングに使用す
るレンダラを選択します。

「共通」タブ

③ **パス**：ファイルの出力パスです。レンダリン
グされた画像の既定の保存場所は**プロジェ
クト設定されているフォルダ／ images** で
す。

④ **イメージフォーマット**：出力保存するファ
イルの画像形式を設定します。静止画であ
れば jpg や png が一般的です。

⑤ **フレーム／アニメーション拡張子**：出力保
存するファイルの命名方法を決めます。静
止画の場合は「名前 . 拡張子」、アニメーショ
ン用の連番出力の場合などは、「名前 _#. 拡
張子」が良いでしょう。

⑥ **開始フレーム／終了フレーム**：アニメーショ
ン出力の場合に何フレームから何フレー
ムをレンダリングして書き出すかを指定し
ます。

⑦ **Renderable Camera**：レンダリングに使用
するカメラを設定します。

⑧ **プリセット**：レンダリング出力する画像の
大きさ指定をプリセットされた値から選択
可能です。

⑨ **幅／高さ**：幅や高さのピクセル値を直接入
力可能です。

⑩ **解像度**：印刷物に利用するレンダリング画
像では、解像度の理解と設定が大切です。

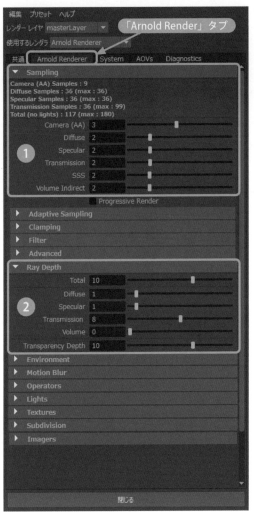

レンダー設定（「Arnold Render」タブ）

「Arnold Render」タブ

① Sampling：レンダリング画像のノイズ量の設定です。値を高くするとレンダリング画像からノイズが少なくなります。

各サンプリングの値を的確に設定するには「AOV's」出力などによって確認が必要です。不用意に高くするとレンダリングが終了せずに強制的に終了させる必要が発生しますので注意してください。一般適には 2～8 程度を試します。

- **Camera**：他のサンプル設定をまとめた設定（乗数）となりますので、この値を大きくするとノイズが減ります。半面、設定の不要な項目の計算時間も長くなります。例えば、肌の設定を行っていないのに SSS の値が入力され、Camera のサンプル値を上げると相対的に SSS の値をアップさせたことになり無駄なレンダリング時間を要します。

- **Diffuse**：全体的にノイズが感じられる場合は、まずこの項目を設定してみましょう。全体的なノイズの軽減に最も効果のある項目です。

- **Specular**：鏡面反射（金属など）の部分にノイズが感じられる場合はこの項目を設定してみましょう。

- **Transmission**：透過（ガラスなど）したものにノイズが感じられる場合に設定してみましょう。

- **SSS**：SSS（サブサーフェススキャッタリング）で、皮膚などを表現している場合にノイズが感じられる場合はこの設定を調整してみましょう。

- **Volume Indirect**：大気、煙などにノイズが感じられる場合はこちらの設定です。

② Ray Depth：Ray Depth（レイ深度）は計算回数の設定です。大きな値にすると画像は「深み」を増します。例えばガラスや鏡の映り込みがリアルに、暗い部分の階調が豊かになります。半面、レンダリング時間が長くなります。

特に Transmission や Transparency Depth での設定に効果を感じるでしょう。Transmission と Transparency Depth 以外の設定値は 1～3 程度の設定が一般的です。Rey Depth の値が十分でないオブジェクトは一般的に黒く曇ったようにレンダリングされます。

- **Total**：各設定の合計が、この値より大きくならないように設定する値です。初期値のままで良いでしょう。
- **Diffuse**：拡散反射光の反射を設定します。室内シーンで「ライト」の効果を隅々まで出したい時などに設定を高めてみましょう。
- **Specular**：金属や鏡などが互いに鏡面反射するシーンで効果を発揮します。
- **Transmission**：透過（ガラスなど）するオブジェクトの屈折に関する設定です。ガラスや水で屈折が見られず黒く表現されている場合は値を上げてみましょう。
- **Volume**：大気、煙などの質感に影響を与えます。
- **Transparency Depth**：透明なオブジェクト（ガラスなど）が重なり合った場合は高めの設定を試しましょう。

「AOV's」タブ

- **AOV（Arbitrary Output Variable、任意の出力変数）**：AOV は、ディフューズやスペキュラといった各種のアトリビュートを個別に出力可能な機能です。個別に出力された画像は、ノイズの発生チャネルの確認や、After Effects などによるコンポジット作業（合成作業）に利用可能です。

レンダー設定（「AOV's」タブ）

レンダリング手順

ここでは代表的な Arnold のレンダリング手順を紹介します。

特に 3DCG 初心者はレンダリングの失敗（レンダリングされない）により、制作に対してのストレスやモチベーションの低下につながりますので、簡潔な方法で確実にレンダリングできるようにしましょう。

なお、Maya でのアニメーションの「レンダリング」は、mpeg や AVI などの動画ファイルが直接書き出されるのではなく、静止画がフレームレートに従って書き出される「連番ファイル」として保存されます。

そのため「連番ファイル」を Maya または他のソフトウェアで動画ファイルに変換する必要があります。

（1）簡潔な静止画レンダリング

　　間違い無く簡単にレンダリングを行いたい場合の手順です。

（2）簡潔なアニメーションのレンダリング

　　間違い無く簡単にアニメーションのレンダリングを行いたい場合の手順です。

ホットキー

レンダリングの中止	[Esc] 長押し

■（1）簡潔な静止画レンダリング

　❶「レンダー設定」で「Arnold Renderer」を選択し、❷レンダリングサイズを決定します。❸解像度ゲートを有効にします。❹レンダリングに使用するカメラを選択し、❺確認します。❻「すべてのライトの使用」を有効にしてビューポートでのライトを確認します。❼明るさが足りない場合はライトの設定を確認しましょう。

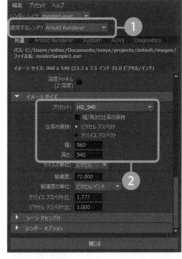

レンダー設定

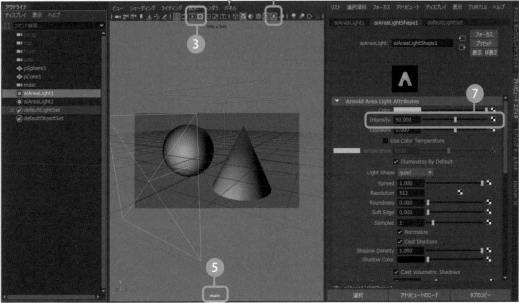

ビューポートでカメラとライトを確認

　基本的な設定と確認が終われば、⑧［現在のフレームをレンダー］ボタンを押してレンダー画像を確認しましょう。［レンダリング］ボタンを押して再レンダリングも行えます。レンダー画像の保存は、⑨レンダービューのメニュー：ファイル▶イメージの保存で行ってください。

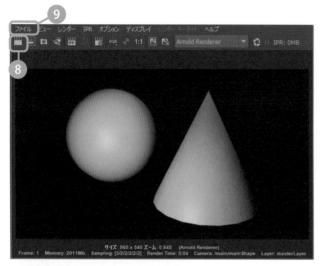

レンダービュー

■（2）簡潔なアニメーションのレンダリング

　カメラとライトの確認は（1）簡潔な静止画レンダリングと同様です。

❶「アニメーション」が設定されていることを確認しましょう。

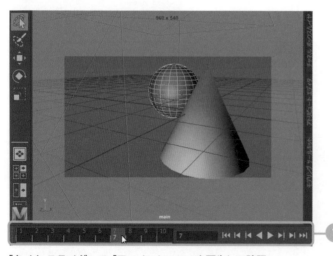

「タイム スライダ」で「アニメーション」を再生して確認

加えて「レンダー設定」より、②レンダー画像の初期の保存場所はプロジェクト内の images フォルダです。③保存する画像形式を決め、④アニメーションが確実に設定されているかを確認します。「フレーム／アニメーション拡張子」で「#」以降の設定を行いましょう。「#」は連番として置換されます。

⑤「開始フレーム」と「終了フレーム」を設定し、⑥レンダー画像サイズを設定してください。

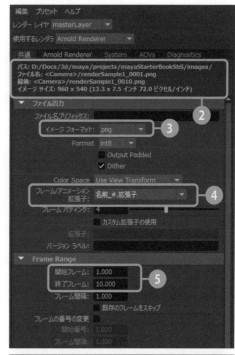

レンダー設定

基本的な設定と確認が終われば、⑦レンダービューのメニュー：レンダー▶シーケンスレンダーのオプション（右端の□マーク）をクリックし、「シーケンスレンダー」の設定を表示します。

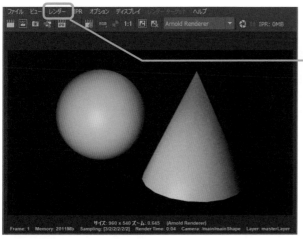

レンダービュー

⑧ カメラを選択し、⑨ 初期の保存場所（images フォルダ）から保存場所を変更する場合は「代替出力ファイルの場所」で指定しましょう。

⑩ ［シーケンスをレンダリングして閉じる］または ［シーケンスレンダー］をクリックしてレンダリングを開始します。

保存場所に想定通りのファイルが書き出されていることを確認しましょう。

※ Arnold ではシーケンスレンダー、Arnold 以外ではバッチレンダーを使用します。

シーケンスレンダー　　　　　　　　　　　　　保存フォルダを確認

 ［演習］レンダリングの設定

サンプルファイル「House」の昼（noon）と夜（night）のシーンを「レンダリングの設定（レンダーレイヤー）」により作成します。簡単な設定例ですが、実際の作業に活かしましょう。

サンプルファイル

mayaStarterBookSbS¥scenes¥Step07¥house.mb 〜 house_layer.mb

「レンダリングの設定」で何ができる？

レンダリングは、常に「ビューポート」で表示されている状態を、そのまま行えば良いとは一概に言えません。

例えば、アニメーションのシーンで、動かない背景とキャラクターを別にレンダリングしたい。シーンごとにプロップ（小物）やライトを差し替えてレンダリングしたい。などのニーズに答えるのが「レンダリングの設定」エディタです。

「レンダリングの設定」では「レンダーレイヤ」を作成し、作成した「レンダーレイヤ」にオブジェクトを追加、設定することによって、レンダリングの結果を自由に変更することが可能となります。

「レンダリングの設定」は多機能で設定項目も多いので初心者にとっては扱いづらい機能ですが、オブジェクトに変更を加えずに安全に様々なシーンのレンダリングが可能となります。

ここで紹介する最も基本的な設定を参考に理解を深めてください。

■ レンダーレイヤを作成

①［レンダリングの設定］アイコンボタンを押して「レンダリングの設定」を表示します。

簡潔に利用するために、**②** レンダリングの設定メニュー：オプション▶既定で各レンダーレイヤーにすべてのライトを含めるのチェックを外してください。

「既定で各レンダーレイヤーにすべてのライトを含める」は、ライトを追加しなくてもレンダーレイヤにすべてのライトを含める設定です。

③「レンダーレイヤを作成」をクリックしてレンダーレイヤを作成します。名前は「noon（昼）」と設定しておきましょう。

「レンダリングの設定」アイコン

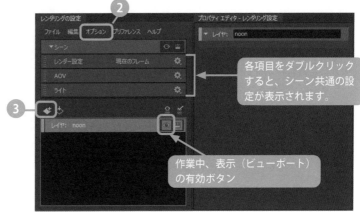

「レンダリングの設定」エディタ

「noon」にはまだ何も登録していないので、シーンには何も表示されなくなります。これで OK です。ここから「noon」のレンダーレイヤに設定を加えて行きます。

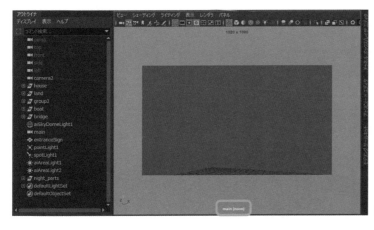

何も表示されていないシーン

アウトライナで、「noon」のシーンに必要なオブジェクトを選択しましょう。

次に、作成したレンダーレイヤを右マウスボタンでクリックしてメニュー：コレクションを作成を選択してコレクションを作成します。**コレクション**とは、レンダーレイヤで使用するオブジェクトを登録する入れ物のようなものです。作成したコレクション名には「house」とでも名付けておきます。

カメラは必要ありませんが、選択しやすいようにアウトライナを整理しておくと間違いが少ないでしょう。

選択したオブジェクトを選択したコレクションへ登録するには、ドラッグ＆ドロップでも可能ですが、［追加］ボタンの利用がより安全です。

※昼用と夜用の「Skydome Light」があり、夜用は「night_parts」内にあります。

アウトライナで選択

［追加］ボタンでコレクションに追加

オブジェクトをコレクションに追加すると、現在のシーンにもオブジェクトが表示されます。表示されない場合は目のアイコン（ ◉ ）が有効になっていることを確認してください。

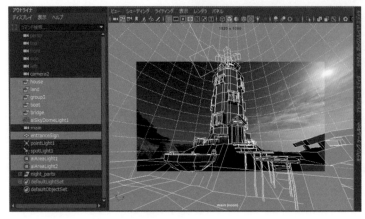

「noon」のシーンに
オブジェクトが表示された

オブジェクトの追加以外に、建物内のライトの強さ、回転灯や入口のサインの「放出」の値の違いを昼と夜で設定します。

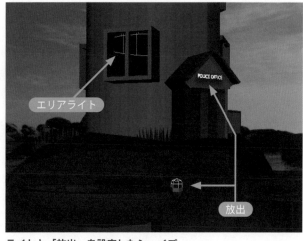

ライトと「放出」を設定したシェイプ

■ ライトのオーバーライド設定

建物内のライトは、Exposure の値を「0」に設定して少し弱めます。

設定した項目上で右マウスボタンをクリックして、メニュー：可視レイヤの絶対オーバーライドを作成を選択します。

オーバーライドとは上書きを意味し、「可視レイヤの絶対オーバーライドを作成」とは「レンダーレイヤ」に設定したアトリビュートの値を優先して使用する指定です。

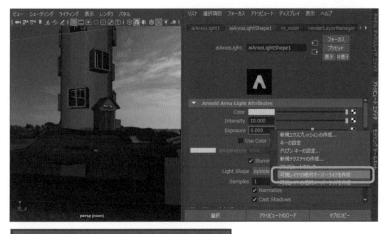

「可視レイヤの
絶対オーバーライドを作成」を
選択

「オーバーライド」に設定されたアトリビュートはオレンジ色

■「放出」のオーバーライド設定

　回転灯と入口のサインのアトリビュートエディタ：放出▶ウェイト設定も同様に値を設定し、「可視レイヤの絶対オーバーライドを作成」を指定します。

　ライトは「masterLayer」の値が既定の値となりますので、夜のシーンでの設定は必要ありません。

ウェイトに「**可視レイヤの絶対
オーバーライドを作成**」

　「noon」のレンダーレイヤの設定が完了しました。

「**noon**」のレンダーレイヤ

　「noon」のレンダーレイヤと同様に、夜のシーンは「night」としてレンダーレイヤを作成し設定しました。夜のシーンでは「放出」のオーバーライド設定が再度必要です。忘れないようにしましょう。

レンダリングするレンダーレイヤは、レンダリング対象に設定するボタンを有効にします。

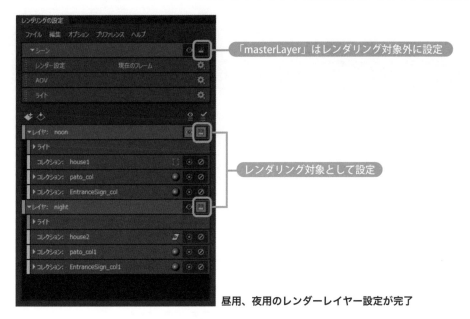

「masterLayer」はレンダリング対象外に設定

レンダリング対象として設定

昼用、夜用のレンダーレイヤー設定が完了

■ レンダリング

すべての設定が終われば、各（　　）ボタンを押して表示を確認してください。問題が無ければ、レンダービューのメニュー：レンダー▶シーケンスレンダーのオプション（右端の□マーク）をクリックし、「シーケンスレンダー」の設定を表示します。

「すべてのレンダリング可能なレイヤ」の❶チェックを有効にしてレンダリングを開始してください。

「シーケンスレンダー」の設定

レンダーレイヤの設定に従って 2 枚の画像がレンダリングされました。

このように、レンダーレイヤを利用することによって、複雑なシーンをまとめて管理し、一括でレンダリングすることが可能になります。

「noon」の
「レンダーレイヤ」出力

「night」の
「レンダーレイヤ」出力

レンダリングのアクシデントとその対応

■ ノイズ軽減

ノイズの発生にはいくつかの理由があります。

原因を見つけるには AOV を利用し、各チャンネル出力などで問題箇所を確認する方法もあります。

サンプリング値を上げればノイズは軽減されますが、通常、ノイズの軽減とレンダリング時間の増大はトレードオフの関係にあります。そのため、作品の内容によっては特定のノイズを無視することも大切です。

■ 真っ黒「レンダー」の原因

レンダリング結果が真っ黒な画面として出力される原因は、単なる設定ミスやソフトウェアのバグなど様々です。単純に解決できるものから、原因不明により解決できないものまでありますが、ここでは比較的良く出会う真っ黒「レンダー」の原因と解決方法を紹介します。

（1）基本的な確認

まず最初に、レンダリングする対象が存在して、カメラのフレーム内に収まっているかを確認しましょう。

（2）ライトを疑う

ライトの確認を行いましょう。ライトが作成されていない、ライトが暗すぎる、ライトが違った方向を向いているなど、単純な原因は思いのほか多いものです。

可能であれば「スカイドームライト（Skydome Light）」を設置して確認するのも良いでしょう。

また、真っ黒なレンダリング結果でも、レンダー画面をクリックすると、選択されたオブジェクトが反転表示されます。オブジェクトがカメラ内に確認できれば、ライトの設定を疑うことができます。

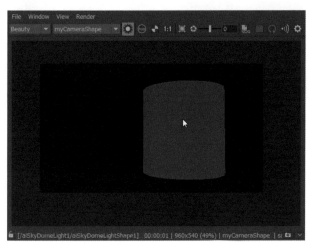

オブジェクトが選択できる

(3) カメラを疑う

ビューポートで使用している「persp」カメラと、レンダリングに使用しているカメラを混乱している場合もあります。レンダリング用のカメラは必ず作成して名前を付けましょう。

1 カメラに名前を付けているか

2 解像度（フィルム）ゲートを有効にし、設定したカメラで見ているか

3 カメラ名を確認して、目的のカメラでレンダリングを確認しているか

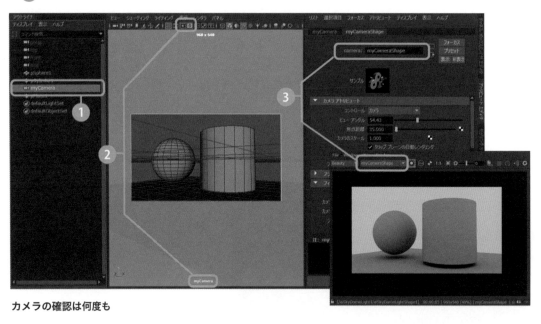

カメラの確認は何度も

(4) 設定を疑う

- メニュー：Arnold ▶ Render を実行して Arnold RenderView を確認する。
- Arnold RenderView のメニュー：View ▶ Enable AOVs のチェックの ON ／ OFF を切り替えてみる。
- レンダリングメニュー：レンダー▶現在のフレームのレンダーでのレンダリングを確認する。

(5) バグ（仕様）を疑う

ソフトウェアである限り、バグはつきものです。本当の意味でのバグや、仕様と呼ばれるバグまで含めると、その原因を探しだすには時間のかかることも良くあります。

試すべき方法としては、**ファイルやフォルダの名前に含まれている日本語を修正、レンダービューを再起動、アプリケーションの再起動、**「レンダリングの設定」の再設定、データの書き出しと読み込みによる新たなファイルの作成など多種多様です。

もしかして、と思うことがあれば積極的に試してみましょう。

Step **8**

イメージを具体化する

学習のためのテーマを見つけることは大変です。

ここでは、3DCG ソフトウェアの目的である「イメージを具

体化する」ための練習として、既存の絵画を参考に 3D 制作

を行ってみましょう。

［演習］ゴッホの絵「ファンゴッホの寝室」を元に部屋制作

モデリングからマテリアル、ライト、カメラ設定までの集大成として、「部屋」を作成してみましょう。

作成する「部屋」は画家ゴッホの「ファンゴッホの寝室」の絵を参考とします。

フィンセント・ヴィレム・ファン・ゴッホはオランダの後期印象派の画家です。数々の名画を残しましたが、本書で参考とする作品はフランス・アルルで暮らしたときの部屋を描いた有名な絵です。この演習には手順や答えがありません。紹介しているテクニックも著者による一例でしかありません。

絵をよく観察して自由な発想でイメージを膨らませて作成しましょう。

サンプルファイル

```
mayaStarterBookSbS¥scenes¥Step08¥goghRoom_1.mb ～ goghRoom_5.mb
```

「ファンゴッホの寝室」

部屋の大きさや家具の配置、バランスを意識して簡潔にモデリングしましょう。

照明は「SkyDome Light」を設置します。当時の環境をイメージして室内のライトは最小限の設定を行います。

マテリアル設定は色設定だけを行っても良いでしょう。サンプルモデルにはテクスチャマッピングを行っています。余裕のある人はテクスチャマッピングにもチャレンジしてください。

完成サンプル

■ **ワークフロー**

簡単なワークフローですが、「絵画を観察」と「環境の設定」は非常に重要です。

(1) 絵画を観察
(2) 環境の設定
(3) モデリング

(1) 絵画を観察

まず、絵をよく観察してモデリングに必要な情報を得ます。部屋のサイズ、ベッドのサイズ、ドアのサイズ、椅子のサイズなどが分かれば、大きな間違いをせずにモデリングできそうです。

部屋は現存していませんが、一般的な家具のサイズは決まっているものです。インターネット上から必要な家具の大きさを調べて、その大きさを元に部屋の大きさを割り出します。

部屋とベッドが配置できればカメラを設置します。このとき重要になるのはカメラの位置（高さ）ですが、それをを割り出すためには**パースライン**を確認する必要があるでしょう。

「ファンゴッホの寝室」を見ると、パースラインからおよそのアイレベル（目の高さ）が読み取れます。パースラインが読み取れれば、消失点が目の高さ、カメラの基本的な位置となります。

パースラインとは、遠近図を描くためのガイドラインのことです。遠近図には小さくなって見えなくなる点（消失点）が存在します。「ファンゴッホの寝室」は一点消失と考えて良いでしょう。

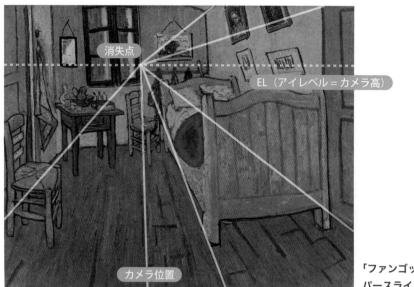

「ファンゴッホの寝室」の
パースラインとアイレベル

■ 制作のポイント

- 一般的な部屋や家具のサイズを調べる
- ベッドのサイズから部屋のサイズをイメージする
- 部屋を作成したらカメラを設置してアングルを決める
- 好みで自由にアレンジ！

（2）環境の設定

「プロジェクトの設定 ...」の確認を行い制作作業のための準備をします。

■ 単位の設定

「プリファレンス」で作業単位を「メートル」に設定します。部屋や家具などすべてを実寸のイメージで制作を進めるようにしましょう。

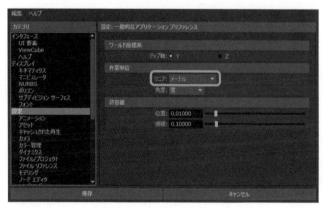

単位を「メートル」に設定

■ (3) モデリング

　紹介する設定などは、一例として参考にしてください。特にサイズは説明のためのダミー値ですので、そのまま入力しないでより精査して設定してください。

■ 大きな物からモデリングする

　もちろん最初に制作するものは部屋そのものです。立方体を作成して、イメージする部屋の大きさに設定します。例えば幅 5 メートル、天井までの高さが 2.5 メートル、奥行き 3 メートルの部屋なら、「polyCube」の幅に「5」、高さに「2.5」、深度に「3」を入力します。

　部屋の大きさは、カメラやベッドの設置の後にも何度も調整を加える必要があります。

　部屋の床は地面と同じ高さに設定しましょう。

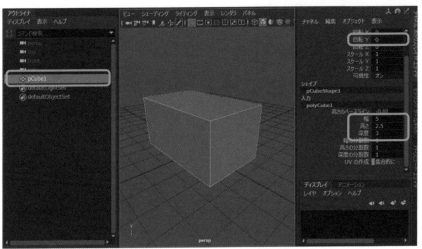

立方体から
部屋を作成

■ 面を反転してバックフェースカリングの設定

　部屋の中を作成するので、面を反転（法線の反転）して部屋の内側に向けます。

　オブジェクトモードで選択し、モデリングメニュー：メッシュ表示▶反転で面を反転しましょう。

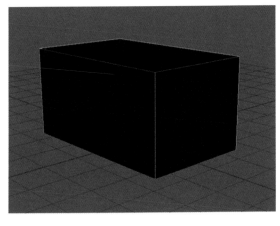

面を反転

　部屋の外側から中が見えないと不便なので、カメラに向いている方向の壁の裏面を透過設定します。この設定は、モデリングメニュー：ディスプレイ▶ポリゴン▶バックフェースカリングを有効にすることで可能です。

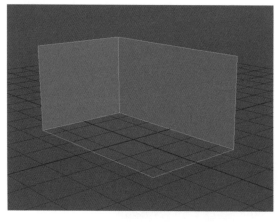

バックフェースカリングで壁を透過に設定

　バックフェースカリングによって部屋の中は良く見えるようになりました。壁の外から中の物が選択できないときは、レイヤーに入れてロックをかけるのも良いでしょう 97 ページ参照。

■ カメラの設定

　部屋の基本設定ができれば、次はカメラの設置です。

　作成したカメラはサイズが非常に小さく扱いづらいので、チャネルボックス：シェイプ▶ロケータのスケールの値を大きくして拡大表示します。

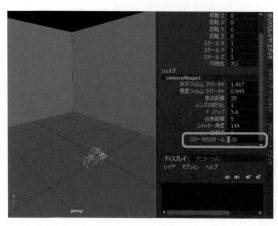

カメラの大きさは「ロケータのスケール」を設定

　設定したパースカメラのビューで構図を確認しながら、4 ビューの正投影で調整しましょう。

　モデリングの途中にも何度も調整を行い、よりイメージの近い状態に修正しましょう。

　※カメラやライトは、壁を通り抜けての撮影やライティングはできません。

　ビューでは見えていても、レンダリングを行うと壁が表示されてしまいます。

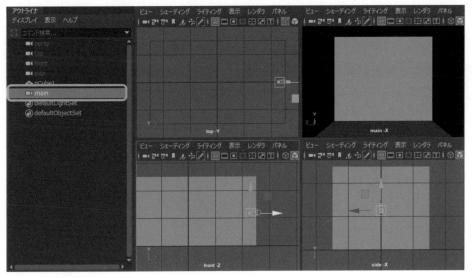

カメラの位置を設定

カメラの焦点距離（ビューアングル）設定が重要

本書ではライトやカメラの説明をモデリングの後で行っていますが、最初に環境全般を設定してからモデリングを進めるといったワークフローも非常に一般的です。

特に「ファンゴッホの寝室」を作成するには、画角（カメラアングル）を決めておく必要があります。

基本的な部屋の大きさが決まり、窓や大きな家具が設置できれば何度もカメラの設定を見直しましょう。

■「Skydome Light」（HDRI）の設定

外光には「Skydome Light」を利用し「HDR 画像」を設定します。

「HDR 画像」は polyhaven.com で探してみましょう。「ファンゴッホの寝室」の絵を眺めて、野外の天候や時間をイメージします。

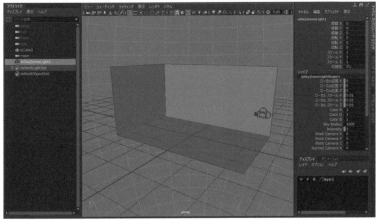

Skydome Light を設置

　窓から入る光だけでは室内が暗すぎるので、部屋には補助ライトとして「Area Light」を設置すると良いかもしれません。

■ 家具の大きさをイメージして「立方体」を配置

　ゴッホの部屋の中にある最も大きく、サイズが割り出しやすいものと言えばベッドです。こちらもインターネットを駆使して大きさを割り出してください。「ファンゴッホの寝室」にあるテーブルや椅子の大きさと対比して想像しましょう。

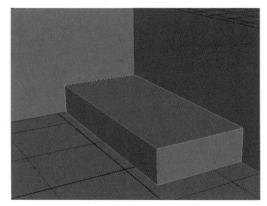

ベッドを置いて部屋を確認

ドアや窓の位置、大きさを決める

　立方体で部屋を作成したので、ドアや窓をモデリングするための分割が足りません。立方体の作成の際に分割を設定し、フェースを増やしておくことも考えられますが、ポリゴンモデリングの基本の一つは**「不用意にフェース（ポリゴン）を増やさない」**です。マルチカットを利用してドアや窓の必要な部分にエッジを加えます。

　[Ctrl] を押しながらマウスポインターをエッジ近くに持っていくと、ループカットの線が表示されます。必要な場所でマウスクリックしてください。

　確定後も、エッジをダブルクリックでループ選択し、「移動」ツールで必要な場所に移動してください。

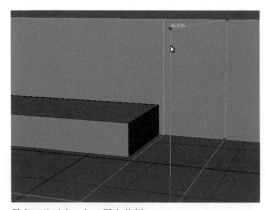

壁をマルチカットで壁を分割

StepUP ヒント　マルチカット

マルチカットは、メッシュを自由にカットできる便利なツールです。

基本的な使用方法は、頂点と頂点をクリックしてのエッジの作成ですが、ループカットも含めて利用範囲の広いツールですので、ぜひ覚えておきましょう。

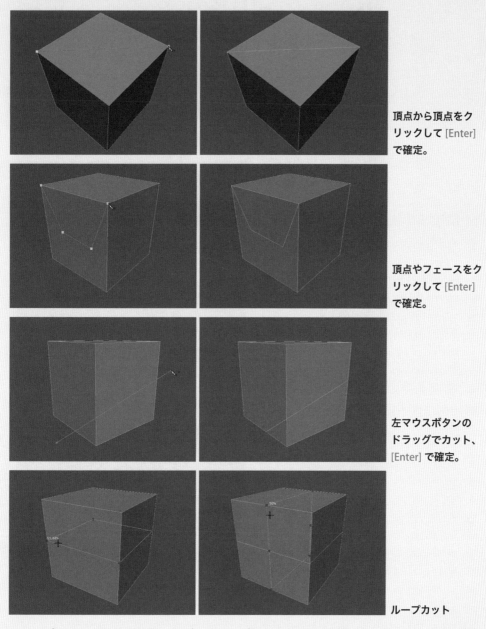

頂点から頂点をクリックして [Enter]で確定。

頂点やフェースをクリックして [Enter]で確定。

左マウスボタンのドラッグでカット、[Enter] で確定。

ループカット

ループカットは、[Ctrl] を押しながらマウスポインターをエッジ近くに持っていき、左マウスボタンのクリックで確定します。[Ctrl] + [Shift] でマウスを動かすと 10% 刻みでスナップできます。

窓が少し開いた状態を作成する場合は、壁の厚みが欲しいところです。
マルチカットで窓の境界を作成します。

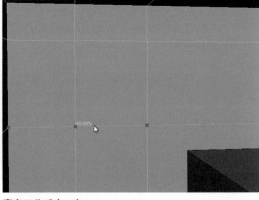

窓をマルチカット

フェースを選択し、「押し出し」ツールで壁の厚みを想定して押し出します。

後はそのまま選択されている不要なフェースを [Delete] で削除すれば完了です。

カメラの基本的な左右位置と高さが決まれば、あとはカメラのアトリビュート設定でビューアングルや焦点距離の調整を行ってみましょう。

理屈で設定してもカメラの画角と人の目（ゴッホの目）は決して一致しませんので、最後は感覚的に合わせることが大切です。

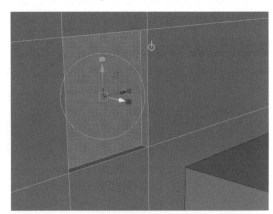

「押し出し」ツールで厚みを作る

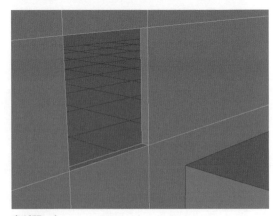

窓が開いた

StepUP ヒント ‖ **繋げたい！**

　頂点と頂点、エッジとエッジを繋げる方法は幾つかあります。

　離れた頂点やエッジを繋げるのか、同じ場所（近い場所）にある頂点やエッジを一つにするのかでは少し意味合いが違ってきます。

　「繋げたい！」方法を幾つか紹介します。

離れた頂点やエッジを繋げる（間にコンポーネント作成）

　「ブリッジ」　　同一の（結合された）オブジェクトの選択された「頂点」「エッジ」「フェース」➡「ブリッジ」でコンポーネントを作成して結合します。

　２つのエッジ間で作成すると最も分かりやすい結果を確認できます。

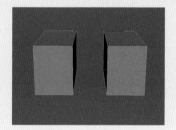 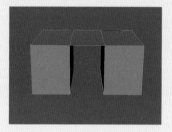

「結合」された立方体　　　　　　２つの「エッジ」選択➡「ブリッジ」

頂点やエッジを一つにする

　「ターゲット連結」　　「頂点」「エッジ」の「コンポーネントモード」➡「ターゲット連結」は、コンポーネントを左マウスボタンドラッグによりマージします。

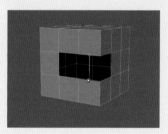 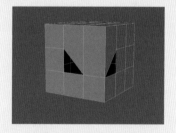

エッジをドラッグ　　　　　　　　移動するように「マージ」

　「マージ」　　「頂点」「エッジ」「フェース」などを選択➡「マージ」は、設定した距離（距離のしきい値）により、選択したコンポーネントの中心に頂点をマージします。

　「センターへマージ」　　「頂点」「エッジ」「フェース」などを選択➡「センターへマージ」により、選択したコンポーネントの中心に頂点をマージします。

　「コラプス」　　「エッジ」や「フェース」を選択➡「コラプス」により、選択したコンポーネントを削除して隣接する頂点をマージします。

ベッドのカーブ

「どんな形状を作成する場合でもそのためのツールが用意されている」とは思わない方が良いでしょう。もちろん、効率良くモデリングするためのツールが数多く用意されていますが、必要とするツールが無い場合や、目的のツールを探し出すのに時間を要することもあります。

モデリングは、頂点を動かし、それを補助するツールが少しあれば、ほとんどの形状は作成可能だと思うことも大切です。

ソフト選択での造形

ソフト選択とは、選択した頂点やエッジ、フェースだけでなく、設定値によりその周辺のコンポーネントやオブジェクトへも影響の範囲を広げる設定です。

ソフト選択を利用すると、選択した対象を中心に滑らかな編集が可能となります。

筆者はベッドの上部のカーブを造形するためにソフト選択を利用しました。

滑らかなカーブをモデリング

ソフト選択を有効にして、ボリュームの設定値を何度か試行錯誤しながら頂点を引っ張りカーブを作成しました。

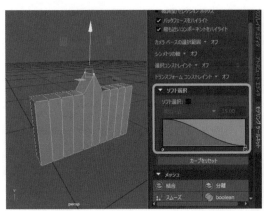

ソフト選択**オフ**

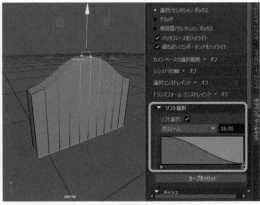

ソフト選択**を ON にして数値設定**

1
2
3
4
5
6
7
8
9
10
11
12

StepUP ヒント　対称化と対称編集

Maya には幾つかの対称化、対称編集の機能が用意されています。

大きく分ければ、「対称状態で編集する」、「反転コピーする」のどちらかです。ここではシンメトリとミラーを紹介します。

対象状態で編集する「シンメトリ」

ステータスライン（ツールバー）、ツール設定、モデリングツールキットなどで有効化するシンメトリは、軸を設定して対称編集が行える便利な機能です。

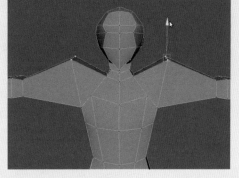

シンメトリ軸をオブジェクト X に設定　　**対称の頂点が同時に移動**

反転コピーする「ミラー」

🎁 **「ミラー」**　　モデリングメニュー：メッシュ▶ミラーは、簡単にオブジェクトを反転複製が可能な機能です。

以下は各「軸の位置」設定による結果です。ミラー後のオブジェクトは結合された状態となります。

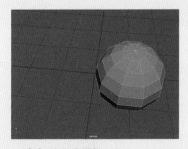

オブジェクトを選択

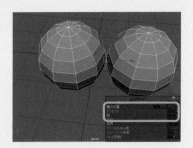

「バウンディングボックス」により「ミラー」

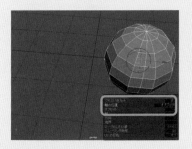

「オブジェクト」により「ミラー」

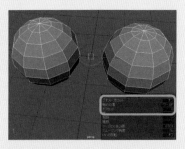

「ワールド」により「ミラー」

ソフト選択による壁にかかる布

　布も少し手間取りそうです。Maya には「nCloth」と呼ばれる布シミュレーション機能もありますが、ここは、[3] で「スムーズメッシュプレビュー」を適用してソフト選択で頑張って作成しました。

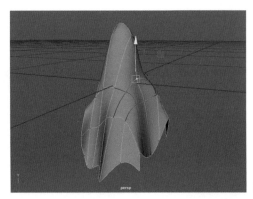

布の制作

椅子の制作

　椅子は複雑にも見えますが、一つ一つのパーツは単純です。効率良く複製して組み立てましょう。

　椅子の背もたれは少し湾曲しているようにも見えます。

カーブをどうやって？

ベンドによる曲げ

　オブジェクトを曲げる方法はいくつかありますが、その中でもベンドは基本的なツールの一つです。

　曲げる対象には十分な分割が必要です。対象のオブジェクトを選択し、モデリングメニュー：デフォーム▶ノンリニア▶ベンドを適用します。

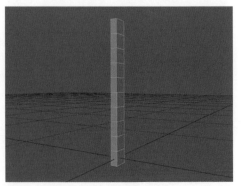

十分な分割（エッジ）が必要

　見た目に何も変化しなくても慌てないでください。

　適用した後に、ワイヤーフレーム表示で確認すると内部のベンドオブジェクトが見れます。ベンドオブジェクトを選択して曲率を「50」程度に設定してみましょう。オブジェクトが曲がるは

ずですが、曲がる方向が思った方向と違っている場合は、回転ツールでベンドオブジェクトを回
転させて曲がる方向を変更します。

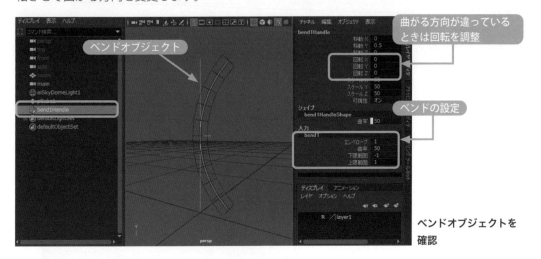

ベンドオブジェクトを
確認

下限範囲、上限範囲はベンドが有効な範囲です。

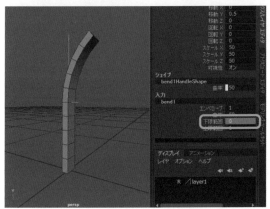

下限範囲を「0」に設定

ベンド（デフォーマー）を確定するには、オブジェクトを選択してメニュー：編集▶種類ごと
に削除▶ヒストリを実行してください。

椅子は一脚が完成すれば、メニュー：修正▶トランスフォームのフリーズを行った後に「グルー
プ化」を行って必要な数だけ複製しましょう。

「フリーズ」、「グループ化」、「ヒストリの削除」

　単体のモデリングでは大きな問題にはなりませんでしたが、複数のオブジェクトを組み合わせるモデリングでは、フリーズ、グループ化、ヒストリの削除、といった操作が重要となります。

● **トランスフォームのリセット**

　メニュー：修正▶トランスフォームのリセットは、選択したオブジェクトの変更した位置、回転、スケールを元の状態に戻します。トランスフォームのフリーズを行っている場合は、フリーズ時の状態に戻します。

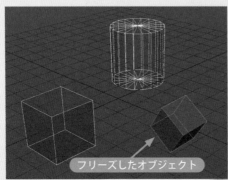 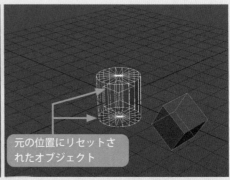

フリーズしたオブジェクト

元の位置にリセットされたオブジェクト

● **トランスフォームのフリーズ**

　メニュー：修正▶トランスフォームのフリーズは、オブジェクトの位置、回転、スケールの値がゼロに設定されます。オブジェクトのトランスフォームにより複雑な値を初期化したい場合に適用しましょう。

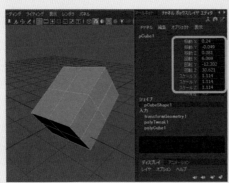 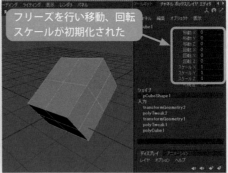

フリーズを行い移動、回転スケールが初期化された

● **グループ化**

　複数のオブジェクトを同時に移動、回転、および拡大縮小させたい場合、そのまま複数選択して操作すると各々がばらばらに移動、回転、拡大縮小する場合があります。これは各々のオブジェクトが固有の座標を持っているからです。

そのような場合は、関連したオブジェクトをすべて選択してメニュー：編集▶グループ化します でグループ化を行います。グループ内のオブジェクトは、グループノードを操作することによって全体をひとまとめに扱うことが可能です。

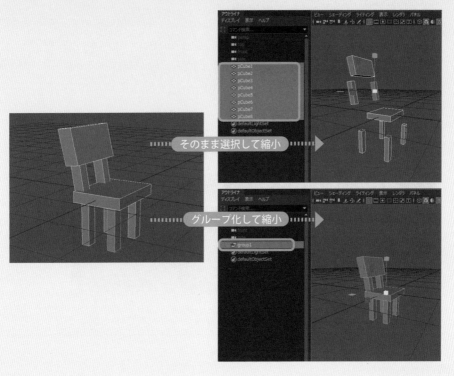

● 結合

モデリングメニュー：メッシュ▶結合は、複数のオブジェクトを一つのオブジェクトにします。グループ化の代わりに利用したくなる機能ですが、できるだけ使わないようにしましょう。

この機能を使うタイミングは、結合しなければ使えない機能のためです。

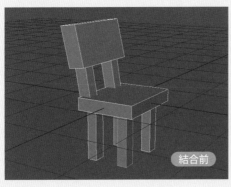

● ヒストリ

ヒストリは、その名の通り行った操作履歴のような機能です。チャネルボックスやアトリビュートエディタに並ぶヒストリを選択して設定値を変更するなど便利な半面、操作の障害になる場合もあります。

マテリアル設定時には、適用したマテリアルのタブを探すのに苦労することもあるでしょう。

必要の無いヒストリは削除することが基本です。削除には注意も必要ですが、オブジェクトを選択してメニュー：編集▶種類ごとに削除▶ヒストリ、または [Alt] + [Shift] + [D] で素早く削除可能です。

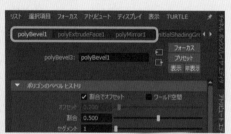

チャネルボックスとアトリビュートエディタのヒストリ表示

その他のパーツを作成

　椅子の他にもテーブルや額縁、ドアもありますね。想像力を働かせて「ファンゴッホの寝室」を思い浮かべてください。余りディテールにこだわるとモデリング作業が大変です。「どの程度の作りこみを行うのか」は 3D 制作者にとって大切なスキルのひとつです。

■ 完成に向けて

筆者が作成した「ファンゴッホの寝室」は、あくまで一つのサンプルです。

この練習課題の目的はイメージを膨らませて（想像して）、自由に3D世界を作り上げることです。リアルさだけが制作の目的ではありません。

著者作成サンプル

作品ができたらぜひ見せてね！
@buzzlyhan

StepUP ヒント　オブジェクトを揃える「位置合わせ」

オブジェクトを揃える方法は幾つかあります。

最もシンプルな方法としては、グリッドなどへのスナップ機能を利用して揃える方法です。

基準となるオブジェクトがある場合

最後に選んだオブジェクトを基準に揃えるメニュー：修正▶位置合わせツール

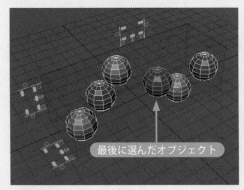

基準となるオブジェクトを決める　　　ラベルをクリックして揃える

選択した複数オブジェクトを整列、均等配置

メニュー：修正▶オブジェクトのスナップ位置合わせ▶オブジェクトの位置合わせ

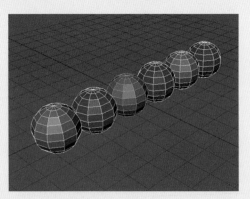

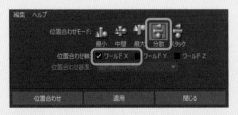

等間隔に分散

StepUP ヒント　Maya 2023 で使いやすくなった「ブーリアン」

　複数のオブジェクトを演算処理する ◉「ブーリアン」は便利な機能ですが、メッシュの分割が汚くなるので多用しません。そんなブーリアンが Maya2023 では随分と使いやすくなったので簡単に紹介しましょう。

　以下の例では立方体→円柱の順で二つのオブジェクトを選択し、モデリングツールキットまたはモデリングメニュー：メッシュ▶ブーリアン▶論理和を選びました。適用後、ブール演算で他のモードに変更可能です。

　※ブーリアンの確定はヒストリの削除で行います。

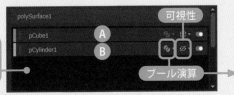

アトリビュートエディタのブーリアン設定

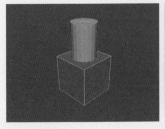

オリジナル

論理和

論理差（A-B）

論理差（B-A）

論理積

スライス

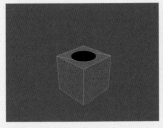

穴パンチ

カット

エッジを分割

225

スキルアップのコツは、作り続けること。

Step 9

可動部の設定

可動部とは動作可能な部分のことです。3DCG ソフトウェア
では可動を前提とした設定も可能です。

可動部に関する考察

関節で可動可能なロボットアームを作成する場合、どの様な設定が良いでしょうか。

ロボットアームの場合はたとえ可動しても、ポリゴンメッシュの変形が必要無いために、2種類の方法が考えられます。

(1) グループ、ペアレントを使った可動部の設定
(2) スケルトンを使った可動部の設定

どちらを選ぶかは、制作者の慣れや趣向、細部の設定の利便性など様々な理由により左右されますが、この Step では同じロボットアームを使用してこれら2つの手順を紹介します。

リグ（リギング）

リグは、キャラクターやプロップを動かすための UI で、その設定作業を**リギング**と呼びます。

スケルトンの作成からリグ設定作業までをまとめてリギングと呼ぶケースも良く見られますが、本書では説明の都合上、別のものとして扱います。

9·2 ［演習］グループとペアレントを使ったロボットアーム

グループやペアレントによる可動部の設定は非常にシンプルで、利用できるシーンも多岐にわたります。ロボット、ドアの開閉、あらゆる工業製品など、メッシュの変形を必要としないほとんどの人工の可動物で利用可能です。

サンプルファイル

mayaStarterBookSbS¥scenes¥Step09¥machine_0.mb 〜 machine_per_5.mb

■ ワークフロー

（1）完成のイメージ
（2）モデリング
（3）アウトライナで構造を設定
（4）リグの準備
（5）リグの接続

（1）完成のイメージ

ロボットアームは、完成したサンプルファイルを利用します。構造は単純ですが、可動部をいくつか設定します。

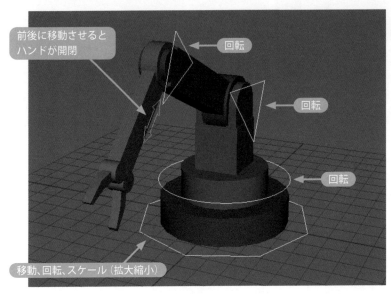

前後に移動させると
ハンドが開閉

回転

回転

回転

移動、回転、スケール（拡大縮小）

グループとペアレントによる
ロボットアームと、
操作のためのリグ

（2）モデリング

サンプルファイルを利用せずに、同様のシンプルなモデルを作成しても OK です。

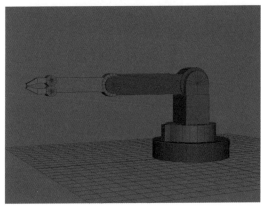

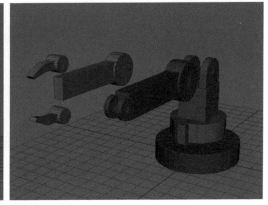

サンプルのロボットアーム

色分けされたパーツごとに可動

■ ピボットの位置調整

ピボットは移動、回転、拡大縮小の中心です。ロボットアームは関節部分での回転動作が中心となります。画面を正投影ビューにして各関節の中心にピボットを移動しましょう。ツール設定の［リセット］ボタンを押せば簡単です。

自作する場合は、すべてのパーツを**組んだ状態で**メニュー：修正▶トランスフォームのフリーズとメニュー：編集▶種類ごとにすべてを削除▶ヒストリ**を行いましょう。**

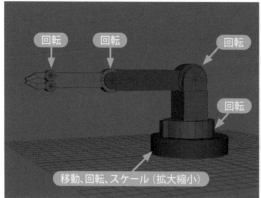

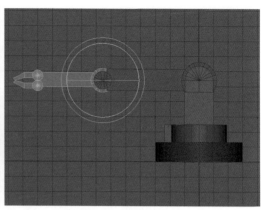

各関節と設定予定の動き　　　　　　　　　ピボットの位置調整

(3) アウトライナで構造を設定

　グループやペアレントによる可動部の設定には、アウトライナの利用が重要です。アウトライナでは、各オブジェクトのグループ、ペアレント、並び順、名前の変更などが簡単にできます。

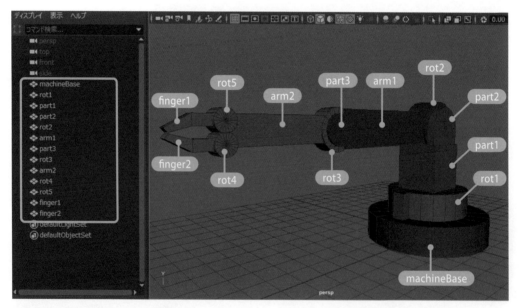

アウトライナとオブジェクトの関係

　指先と指の回転部分のペアレント設定をアウトライナで行います。

　子に設定するオブジェクトをホイールボタンでドラッグして、親にするオブジェクトにドロップします。

　指先と指の回転部分を結合するとペアレント設定の必要はありません。以降同様に、各腕と回転部分などを結合してもOKですが、結合した場合はピボットの位置を回転軸の中心に移動する必要が発生します。

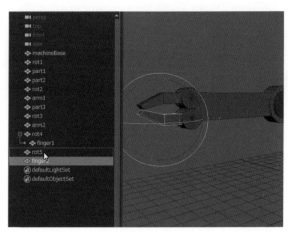

ホイールボタンのドラッグ＆
ドロップでペアレント化

　ペアレント化が終われば、回転部分を回転させて動きのチェックを行います。問題が無ければ、もう一方の指も同様に設定しましょう。

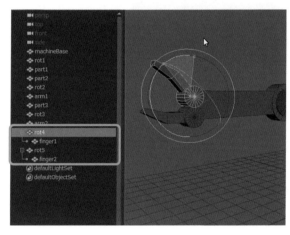

指の動きをチェック

　指の関節（rot4 と rot5）と腕（arm2）は rot3 の子に設定します。rot3 を回転させて arm や finger が追従することを確認してください。

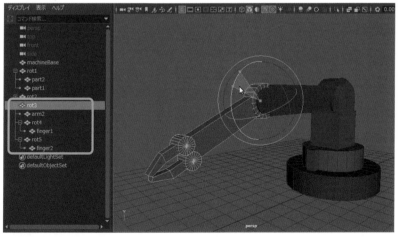

arm の動きをチェック

　同様に他も階層を設定し、一番上位の親に machineBase を設定します。

　どこからペアレント設定しても問題ありませんので、分かりやすい順に確認しながら確実にペアレント設定してください。

　階層構造が完成すれば、machineBase を選択してグループ化を行ってください。作成したグループ名は「machineBase_grp」としました。

　machineBase_grp を選択して移動、回転、拡大縮小を行い問題が発生しなければ階層化は完了です。

　実はこれで可動設定としては完成ですが、このままでは不用意に触るとバラバラになったり意図しない方向に回転させてしまいそうで扱いづらいですね。

　そこで、可動範囲の制限と操作のためのリグを設定します。

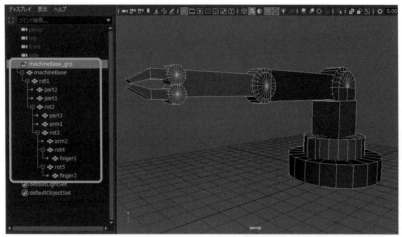

**完成したロボットアーム
の階層構造**

■ グループとペアレント、コンストレイントの違い

　これら 3 つは少し似たイメージを持ち、最初はその違いが良く分かりません。特に、ペアレントとコンストレイントのペアレントは混同しやすいので注意しましょう。

　グループとペアレントはアウトライナから設定可能で、コンストレイントのペアレントは、リギング、アニメーションメニュー：コンストレイントで行います。

グループ

　複数のオブジェクトを選択して、メニュー：編集▶グループ化しますを選択、または [Ctrl] + [G] で行います。一旦作成されたグループへオブジェクトを加えるのは、アウトライナでホイールボタンのドラッグ移動でも可能です。

　グループ化は、主に複数のオブジェクトをひとまとめに扱いたい場合に設定します。初期設定ではグループ化を行うとピボットは原点に移動します。

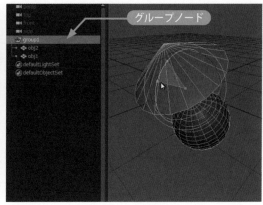

選択されたオブジェクト **グループノードのピボットで回転**

ペアレント

　メニュー：編集▶ペアレントを選択、または [P] で、複数のオブジェクトの親子関係を設定します。このペアレントでは [Shift] を押しながら複数のオブジェクトを選択し、**最後に選択したオブジェクトが親**となります。

　アウトライナを使ったペアレント設定は、ホイールボタンのドラッグ移動で親にするオブジェクトにドロップするだけですので簡単です。

　アトリビュートで ON ／ OFF ができないという特徴を持っています。

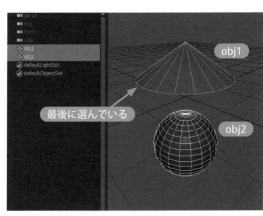 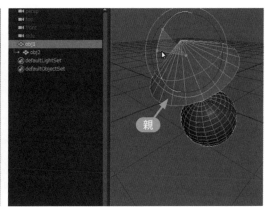

最後に選んだオブジェクトが親 **親（obj1）のピボットで回転**

ペアレント（コンストレイント）

　リギング／アニメーションメニュー：コンストレイント▶ペアレントでは、2 つのオブジェクトを選択するときに、**最初に選択したオブジェクトが親**に設定されます。

　コンストレイントのペアレントは、子が自由に移動、回転することはできません。

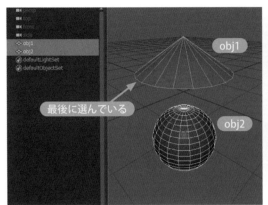
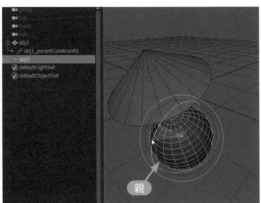

最初に選んだオブジェクトが親

親（obj2）のピボットで回転

(4) リグの準備

ロボットアームに設置するリグもサンプルファイルを用意しておきました。

サンプルファイル

```
mayaStarterBookSbS\scenes\Step09\rigs.mb
```

もちろん、これらはカーブで作成した単なるオブジェクトですから、ただ設置しただけではリグとしての機能は発揮されません。

サンプルファイルのリグは、各可動部に合わせて位置と階層構造（ペアレント）を設定しています。

リグは、分かりやすいように位置や階層構造をロボットアームと同様に作成していますが、リグとしての機能設定に直接は関係しません。

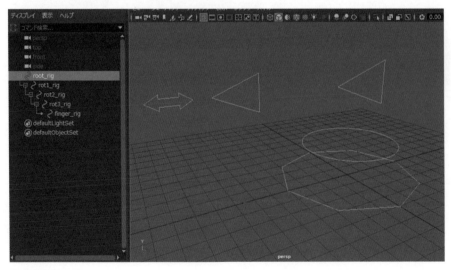

読み込んだリグ

■ リグオブジェクトの作成方法

ここで少しリグの作成方法を紹介します。

リグは通常、レンダリングされないベジェカーブや NURBS 円で作成します。

**リグを作成した場合は、最後に必ず設置した場所でトランスフォームのフリーズ、ピボットの
リセット（40 ページ参照）を行ってください。**

NURBS 円から多角形や三角を作る

簡単なリグは、NURBS 円からの作成がお勧めです。正投影ビューにして NURBS 円を追加し、
チャネルボックスで次のように設定します。

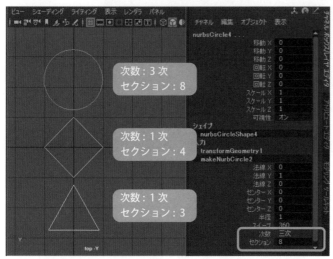

多角形の設定例

ベジェカーブから自由な形を作る

ベジェカーブは自由な形が作れる半面、カーブの操作に慣れる必要があります。直線的なリグ
であれば、グリッドのスナップ機能を ON（ ）にしてクリックしながら描くのがコツです。最
初と最後のポイントの接続は、オブジェクトモードでメニュー：カーブ▶開く／閉じるを選んでく
ださい。

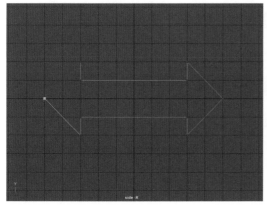

ベジェカーブでリグを描く

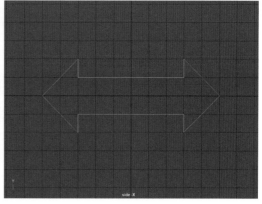

「開く／閉じる」でカーブを閉じる

235

■ リグの設置

サンプルのリグファイルはメニュー：ファイル▶読み込みで「rig.mb」を選択して読み込むことが可能です。読み込んだカーブの名称は「ファイル名：オブジェクト名」に変更されますが問題ありません。

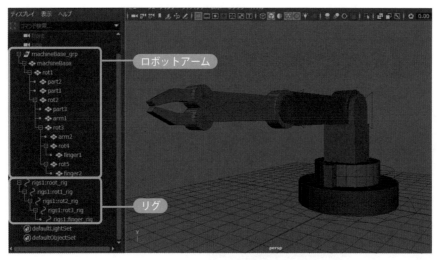

ロボットアーム

リグ

ロボットアームと
リグの階層構造

StepUP ヒント ▶ **アウトライナの開閉**

　階層構造が畳まれたアウトライナの項目は、[Shift] を押しながら左マウスボタンで［+］アイコンをクリックすると一度に展開表示できます。展開した項目は、［−］アイコンをクリックすることで閉じることができます。

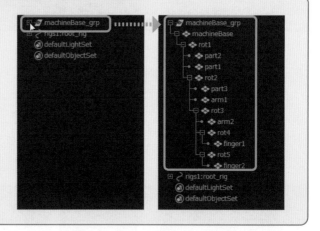

---

(5) リグの接続

ここからは、ロボットアームを使いやすくするために、リグを設定します。
本書では以下をポイントにリグ設定を行います。

(1) アウトライナの項目を分かりやすくする（整理する）
(2) リグで動かす（接続する）

（3）　動きを制限する（ロックする）

（4）　バラバラにならないようにする（ロックする）

（5）　できれば簡単な方法で設定（接続だけを使う）

■ ロック

まずは不用意にトランスフォームしないよう、アトリビュートにロックを設定します。一旦すべてをロックしてから、ロックが不要なパーツに関して個別にロック解除を行います。

machineBase_grp を選択し、メニュー：選択▶階層でロボットアームのすべての階層を選択します。

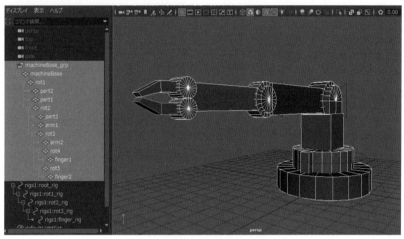

**ロボットアームの
すべての階層を選択**

チャネルボックスの移動 X からスケール Z までを、左マウスボタンを押しながらドラッグします。アトリビュートをすべて選択したら、右マウスボタンをクリックしてメニュー：選択項目のロックを選択します。

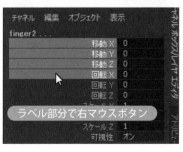

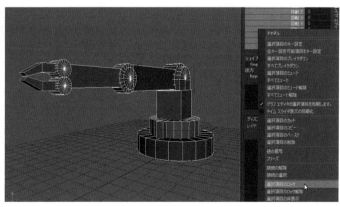

すべてのパーツのすべてのトランスフォームをロック

237

　リグも同様に、rot1_rig 以下のカーブを選択してロックしてください。

　ロックされたアトリビュートは灰色で表示されます。この段階では root_rig のみがロックされていません。

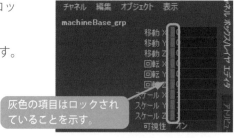

> 灰色の項目はロックされていることを示す。

ロックされているアトリビュート

■ ロック解除

　「リグを動かしてロボットアームのパーツを動かす」設定は**接続エディタ**によって行います。

　接続の設定に先だって、machineBase_grp の移動 X から回転 Z までの項目を選び、右マウスボタンをクリックしてメニュー：選択項目のロック解除を行います。

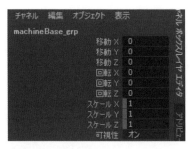

移動 X から回転 Z までのアトリビュートをロック解除

■ 接続エディタ

接続エディタ

①　出力側表示の設定：「左側の表示」設定

②　入力側表示の設定：「右側の表示」設定

③　出力側の再読み込み：選択されているオブジェクトのアトリビュートを出力側に読み込みます。すでに読み込まれている場合は、再読み込みを行います。

④　入力側の再読み込み：選択されているオブジェクトのアトリビュートを入力側に読み込みます。すでに読み込まれている場合は、再読み込みを行います。

⑤ 出力側アトリビュート表示：「左側の表示」設定にしたがってアトリビュートが表示されます。

⑥ 入力側アトリビュート表示：「右側の表示」設定にしたがってアトリビュートが表示されます。

⑦ 表示をクリア：表示されているアトリビュートを消します。設定は削除されません。

接続エディタでは、**特定のオブジェクトに対して行った操作を別のオブジェクトに伝えることが設定**できます。ここではリグの動きを「出力」し、アームのパーツに「入力」することで、リグ操作によってアームを動かすことができるようになります。

具体的には、root_rig の回転を machineBase_grp の回転に伝えるといった設定となります。

接続方法は [Ctrl] を押しながら root_rig と machineBase_grp を順番に選択し、メニュー：ウィンドウ▶一般エディタ▶接続エディタを表示します。

左側に root_rig、右側に machineBase_grp のアトリビュートが表示されていることを確認してください。うまく表示できない場合は、まず root_rig を選択して ❸［左側のリロード］ボタンを押し、次に machineBase_grp を選択して ❹［右側のリロード］ボタンを押すとよいでしょう。

表示項目が多いので、メニュー：左側の表示とメニュー：右側の表示を以下のように設定してみましょう。

目的のアトリビュートは「translate」（移動）と「rotate」（回転）です。

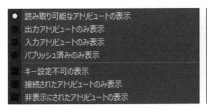

「左側の表示」の設定　　　　「右側の表示」の設定

表示されるアトリビュートが少なくなり、目的の「translate」（移動）と「rotate」（回転）が見つけやすくなりました。

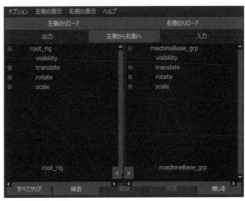

表示項目の少なくなった接続エディタ

　接続方法は、まず **1**「出力」（左側）のアトリビュートをクリックし、次に **2**「入力」（右側）のアトリビュートをクリックするだけです。

　machineBase_grp を選択してチャネルボックスの表示を確認しましょう。接続されたアトリビュートは黄色く表示されます。

接続された
アトリビュート

「**translate**」（移動）を接続

　「rotate」（回転）のアトリビュートも同様に接続しましょう。

　このままだとリグ（root_rig）が拡大縮小できてしまうので、「スケール」をすべて選んでロックしておきます。

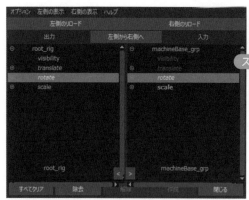

スケールはロック

「移動」と「回転」が
接続された様子

「**rotate**」（回転）を接続

■ リグの確認

　接続の設定が終われば、リグ（root_rig）の移動と回転の動きを確認してください。うまくできたでしょうか。設定が多いので複雑に感じますが、1 ステップづつ着実に行いましょう。特に、出力と入力は慣れないうちは混乱しやすいので、左が指示側、右が指示される側として覚えてください。

■ 残りのリグを設定

残りのリグも同様に設定しましょう。

rot1_rig と rot1 は回転 Y のロックを外します。接続エディタで「rotate」の⊕をクリックして展開すると各軸の「rotate」が表示されますので、「rotateY」のみを接続します。

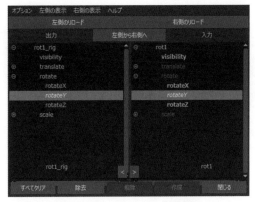

rot1 と rot1_rig は「rotateY」を接続

rot2_rig と rot2、rot3_rig と rot3 は、回転 X のロックを外して「rotateX」のみを接続します。

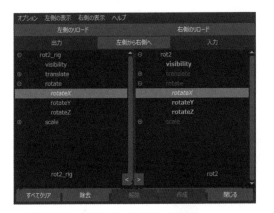

rot2_rig と rot2 は「rotateX」を接続

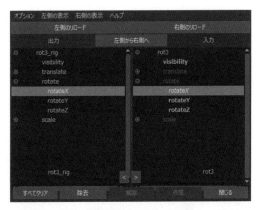

rot3_rig と rot3 は「rotateX」を接続

rot4 と rot5 の指は少し複雑です。矢印の finger_rig リグを前後させることによって指を回転（開閉）させたいので、finger_rig は移動 Z のロックを外し、rot4 と rot5 は回転 X のロックを外します。

接続の設定は、finger_rig は「translateZ」を選択し、rot4 と rot5 の指は「rotateX」を選択します。同じ設定を各指で順に行いましょう。

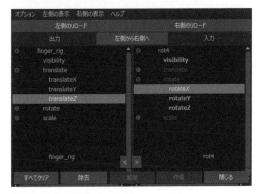

順番に確実に設定

■ 回転方向の変換

設定が終われば、試しにリグを動かしてみましょう。

指は動きそうですが、同じ方向に動きうまく開閉してくれません。リグも随分と後ろの方まで動かす必要がありそうです。

この二つの問題を解決しましょう。

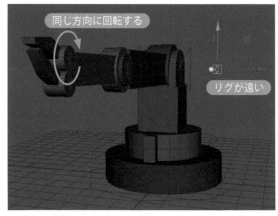

二つの問題があるリグ

まず、正しく開くように設定します。考え方は簡単です。リグの前後の動きによって出力される値の正負をコントロールできれば、片方の指の動きを反転できそうです。

負の値にするには「−1」を乗算すれば良いでしょう。

rot5 を選択し、入力接続のアイコン（ 🔲 ）を左マウスボタンでクリックします。

アトリビュートエディタ：単位変換アトリビュート▶変換係数に「−1」を入力しましょう。

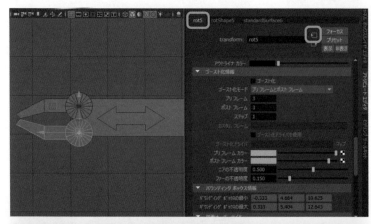

タブを確認してアイコンをクリック

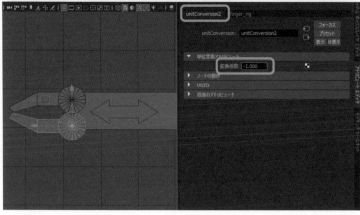

変換係数に負の値を入力

rot4 の開きも少し小さいので、確認すると小さな数字が入っていました。こちらの数値も最終的には rot4 に「1.5」、rot5 に「−1.5」を設定しました。

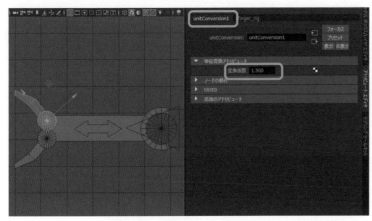

変換係数は動きのイメージに
合った値に設定

指の閉じ過ぎ、開き過ぎの問題は、他のリグも含めて動きの制限で解決します。

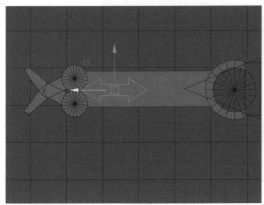

閉じ過ぎの指

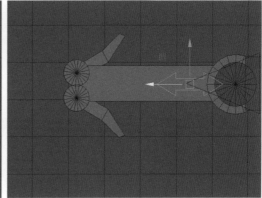

開き過ぎの指

指の閉じと開きはこのあたりで良さそうです。実際の設定は制限情報の設定によって行います。

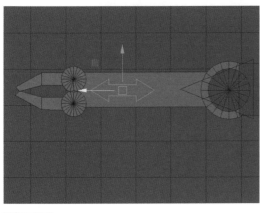

理想の閉じ

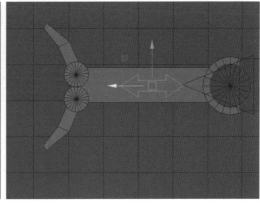

理想の開き

■ リグの動きを制限

root_rig と rot1_rig は制限はしません。

rot2_rig は回転を 0 度から −180 度に制限します。**①** アトリビュートエディタ：制限情報▶回転▶回転制限 X の最小チェックを有効にして「−180」を入力します。また、**②** 最大チェックを有効にして「0」を入力します。

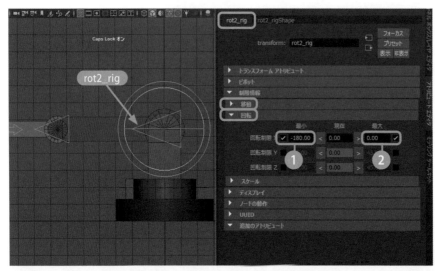

0 度から
−180 度に制限

rot3_rig は −90 度から 90 度に制限しました。

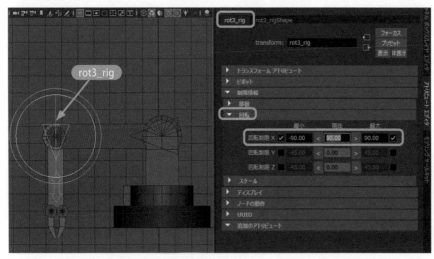

−90 度から
90 度に制限

finger_rig の前後の動きは、実際にリグを動かしながら −0.9 〜 0.01 を適宜設定しました。

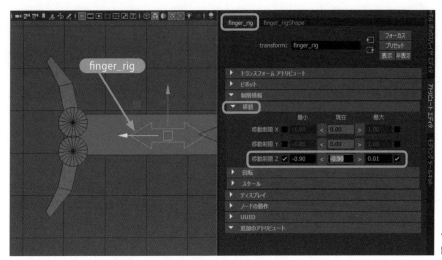

−0.9 〜 0.01 に
制限

これで、グループとペアレントを使ったロボットアームの完成です。

すべてのリグを操作し、動く方向と制限が思ったように設定されていれば OK です。

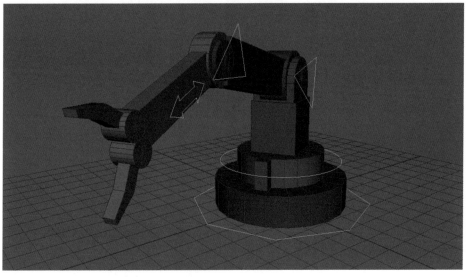

ペアレント設定によるロボットアームの完成

9・3 ［演習］スケルトンを使ったロボットアーム

　ポリゴンメッシュに変形の必要がないロボットアームは、スケルトンを利用した可動設定も可能です。

　スケルトンを利用するメリットは、ロボットアームの構造とピボットの位置を考慮する必要がないことでしょう。

■ ジョイント、ボーン、スケルトン

　オブジェクトを自在に変形させるための**スケルトン**（骨格）は、ジョイントとボーンで構成されています。

　ジョイントは回転の中心位置と軸方向、**ボーン**はジョイントの親子関係を決めます。

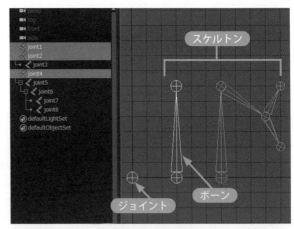

ジョイント、ボーン、スケルトン

　ジョイントは、スキンのバインドによってメッシュの頂点に対してインフルエンス（影響力）を持ち、その力によってメッシュが移動、回転、拡大縮小します。

　ジョイントの親子関係はボーンとして表され、親のジョイントによる、トランスフォームが子のジョイントに伝わります。

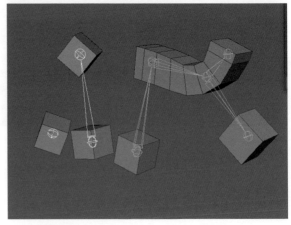

バインドされたメッシュ

サンプルファイル

mayaStarterBookSbS¥scenes¥Step09¥machine_0.mb ～ machine_bone_5.mb

■ **ワークフロー**

(1) 完成のイメージ

(2) ジョイントの設置

(3) スキンバインド

(4) ロックをかける

(5) リグとジョイントの接続

(1) 完成のイメージ

ロボットアームは、先の例「グループ、ペアレントを使ったロボットアーム」と同じファイル
を使用します。

リグの形状や操作も同じです。

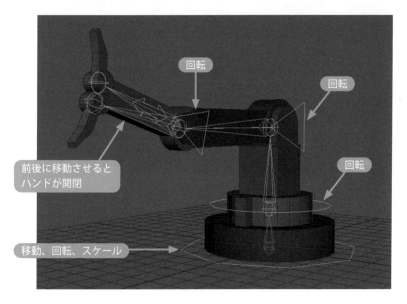

スケルトンよるロボットアームと操作のためのリグ

ロボットアームの親子構造を整理する必要はありません。また、ピボットなどの位置設定も
必要ありませんが、モデルを作成した場合は完成後にフリーズとヒストリの削除を行っておきま
しょう。

設定上必要性がなくても、アウトライナは常に整理して見やすく保ちましょう。

なお、スキンバインドを行った後にメニュー：編集▶種類ごとにすべてを削除▶ヒストリを行う
と、スケルトンがメッシュから外れるので注意してください。

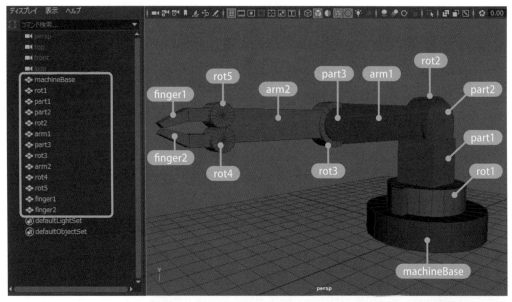

アウトライナとオブジェクトの関係（「グループとペアレントを使ったロボットアーム」と同様です）

(2) ジョイントの設置

ジョイントの設置は、シェルフの「リギング」タブにある「ジョイントを作成」アイコン（ ）
を押すか、リギングメニュー▶スケルトン▶ジョイントを作成を選びます。

ビューを「side-X」からの正投
影に設定し、グリッドスナップを
有効にして土台から指先までの
ジョイントを設置（ジョイント
チェーンの作成）しましょう。グ
リッドにスナップするので三つ目
のジョイントからは位置がずれて
しまいますが、後ほど調整しま
すのでそのまま続けて設置しま
しょう。

**ジョイントの作成は、必ず正投
影で行ってください。**

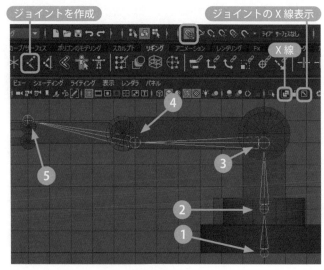

親からジョイントチェーンの作成

指の部分には回転のためのパーツが2つあります。各々にジョイントが必要ですが、一旦片方だけ設置しましょう。

ジョイントの描画を途中で切るには、[Enter]を押すか「ジョイントを作成」アイコン（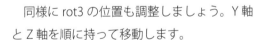）をクリックします。

再度つなげる場合は、ジョイントをクリックしてから続きを設置します。

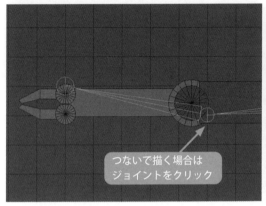

つないで描く場合は
ジョイントをクリック

片方を設置して一旦ジョイントチェーンを切る　　**残りのジョイントを設置**

次に、位置がずれているジョイントを調整しましょう。

グリッドスナップを無効、ポイントスナップを有効にして、rot2のY軸をもって移動させます。

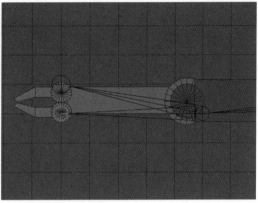

ポイントスナップで中心を合わせる

中心を合わせる

中心を合わせる

同様にrot3の位置も調整しましょう。Y軸とZ軸を順に持って移動します。

YZ平面のハンドルで移動させないでください。ジョイントがX軸でも移動してポイントにスナップしてしまいます。

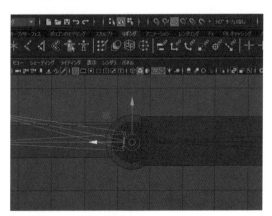

YZ平面のハンドルは使わない

最後は指のジョイントの位置調整です。こ
ちらもＹ軸とＺ軸を順に持って移動させま
しょう。

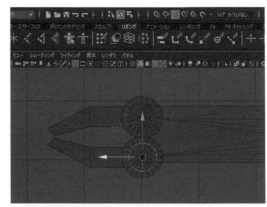

これで位置調整は完了！

　完成したスケルトンを次に示します。スケルトンがずれていないか、他の正投影も確認し、ス
ケルトンを階層指定して、メニュー▶ディスプレイ▶トランスフォームディスプレイ▶ローカル回
転軸を選択し、ジョイントの回転軸を確認しましょう。

　ジョイントの回転軸がワールド座標と一致していない場合は、メニュー▶スケルトン▶ジョイン
トの方向付け▶ジョイント（オプション）▶ワールドへ方向付けのチェックを適用して一致させ
ます。

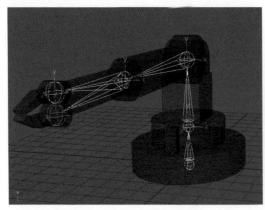

スケルトンの全体

ジョイントの方向付け

（3）スキンバインド

Maya では、ジョイントをメッシュの頂点と紐付けることを**スキンバインド**と言います。

ジョイントはスキンのバインドによって、メッシュの頂点に対してインフルエンス（影響力）を持ち、その力によってメッシュがトランスフォームします。

スキンバインドは、ジョイントとメッシュを選択して、リギングメニュー：スキン▶スキンのバインドで行います。

ジョイントとメッシュの選択順序は決められていませんので、どちらを先に選んでも OK です。

ロボットアームでは、一つ一つのジョイントに対してバインドを行います。どの場所からでも問題はありませんが、本書のサンプルでは末端の指から設定します。

[Ctrl] を 押 し な が ら rot4（メッシュ）、finger1（メッシュ）、rot4（ジョイント）を、アウトライナで選択します。

作成したジョイントの名前は、対応がわかりやすいように変更しています。

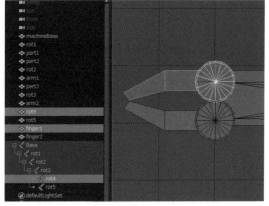

ジョイントとメッシュを選択

リギングメニュー：スキン▶スキンのバインドのオプション（右端の□マーク）をクリックしてオプション画面を開きます。

バインド先を「選択したジョイント」に、最大インフルエンス数を「1」に設定します。他のメッシュとジョイントに対しても連続的に設定しますので［適用］ボタンを押しましょう。

この方法は、以前のバージョンでは「リジッドバインド」と呼ばれていた方法です。

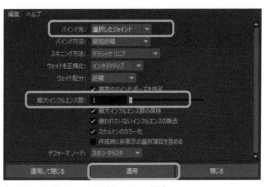

「スキンのバインドオプション」設定

251

　問題無くバインドができたか確認するために、rot4 のジョイントを回転してみましょう。うまく回転できれば、もう一つの指も同様にバインドします。

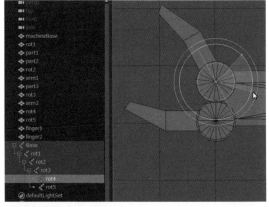

指が回転できれば OK

　指の次は人間で言えば肘の設定です。rot3（メッシュ）、arm2（メッシュ）、rot3（ジョイント）を選択してバインドしてください。見た目はごちゃごちゃとしていますが、アウトライナから選択すれば簡単です。

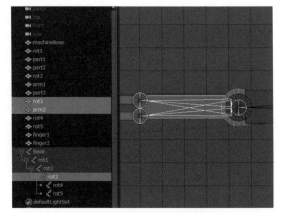

アウトライナで [Ctrl] を押しながら複数選択

　指と同じ設定でスキンバインドを行います。こちらも回転できることを確認してください。

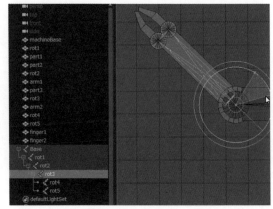

「回転」テストの後は [Ctrl] + [Z] で元に戻して

　上腕から肩にかけての設定です。三つの
メッシュとジョイントを選択し、バインドし
ます。

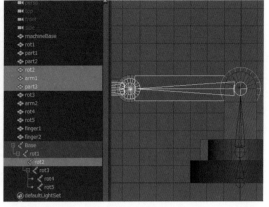

rot2 のバインド

　回転台のグループもバインドするメッシュ
は三つです。

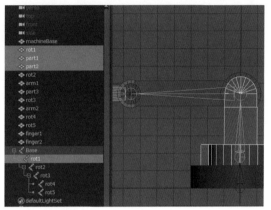

rot1 のバインド

　最後は土台（machineBase）と root_rig を
バインドして完了です。
　確認すると、バインド設定を行ったスケル
トンの色が変わっています。

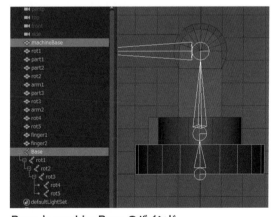

Base と machineBase のバインド

基本的な設定としては完了しましたが、リグを付けて動きに制限をかけないと、こんな風に「自由なロボットアーム」になってしまうかもしれません。

自由な回転のロボットアーム！

StepUP ヒント　　**スキンのバインド解除**

　一度バインドしたオブジェクトでも、スケルトンを再度調整したいことは良くあることです。そんなときは、メッシュを選択して、リギングメニュー：スキン▶スキンのバインド解除でバインドを解除してください。

（4）ロックをかける

バインド作業が終わればメッシュとジョイントのすべてにロックをかけましょう。

ロック方法は、「グループとペアレントを使ったロボットアーム」の例で行った手順と同じです237 ページ参照。

（5）リグとジョイントの接続

■ リグを設置

メニュー：ファイル▶読み込みを選択して、サンプルのリグファイル「rig.mb」を読み込みます。

サンプルファイル

```
mayaStarterBookSbS¥scenes¥Step09¥rigs.mb
```

読み込んだリグとジョイントを接続設定しますが、ジョイントはロックされていると接続できませんので、接続する各リグとジョイントのアトリビュートはロックを外しましょう。

メニュー：ウィンドウ▶一般エディタ▶接続エディタで接続エディタを表示し、リグの root_rig を選択して、接続エディタの「左側のリロード」を選択します。続いて、ジョイントの Base を選択して、接続エディタの「右側のリロード」を選択します。

接続するのは、スケール以外の translate と rotate です。両方の対応するアトリビュートを順にクリックして接続しましょう。

左右の読み込み

スケール以外をクリックして接続

チャネルボックスで移動 X から回転 Z までが接続色の黄色、スケール X からスケール Z がロック色の灰色で表示されていることを確認します。

他のリグとジョイントも同様に接続設定しましょう。

ジョイントの接続とロックを確認

リグのスケール X からスケール Z をロック

■ 指の開閉を調整

指のリグ接続は、「グループ、ペアレントを使ったロボットアーム」242 ページ参照と少し違って、右マウスボタンクリックで表示される項目から「rotateX」を選んでください。

アイコンをクリックして
rotateX を選択

　開閉の大きさは、ここでも微調整が必要です。最終的には、rot4 のジョイントは単位変換アト
リビュート▶変換係数に「2」を、rot5 のジョイントには「−2」を設定しました。

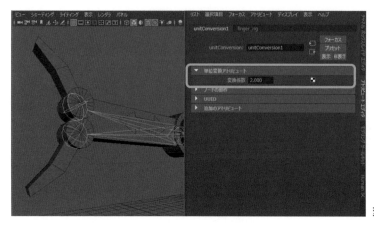

変換係数を設定

　最後にリグの動きに制限を設定 244 ページ参照 すれば「スケルトンを使ったロボットアーム」の
完成です。

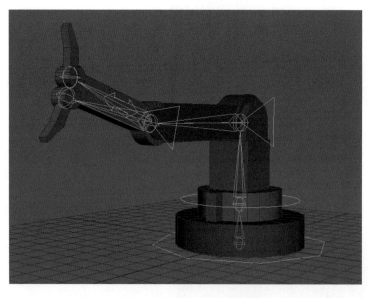

スケルトンを使った
ロボットアームの完成

　この Step では、同じ構造と動き、リグの接続方法を、「グループ、ペアレントを利用する方法」
と「ジョイントを利用する方法」の二つの方法で紹介しました。
　まずは自分にとって簡単で理解しやすい方法を試してみてください。

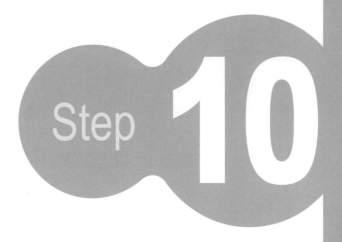

Step 10

Human IK（ヒューマン IK）

FK と IK の基本を学び、人型のキャラクター設定にチャレンジしましょう。

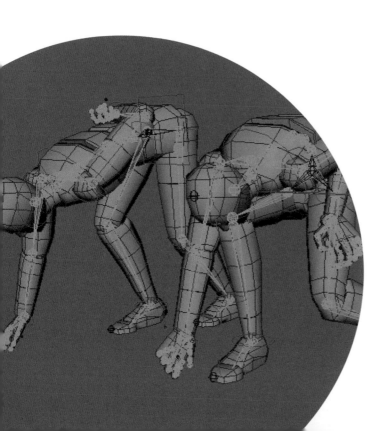

Maya の標準人型リグ Human IK

3D 制作経験がまだ少ないクリエーターにとって、人型のキャラクター制作にはモデリングから
スケルトンの設置やリギングなど様々な知識が必要となります。Step 10 では簡単なサンプルファ
イルを用意しましたので、こちらのキャラクターを利用して Maya の標準スケルトンとリグであ
る Human IK（ヒューマン IK）の設置を紹介します。

Human IK は人型のスケルトンに加え、FK と IK、操作のための UI（リグ）を簡単に設定できる
機能です。

FK（フォワードキネマティクス）と IK（インバースキネマティクス）

● **FK（フォワードキネマティクス）**
ジョイントを回転させてポーズを作成する手法
です。通常は親から子のジョイントへと設定を
行います。

● **IK（インバースキネマティクス）**
先端（IK 設定された）「ジョイント」を移動す
ることによって関連する「ジョイント」が自動
で回転制御されてポーズを作成する手法です。

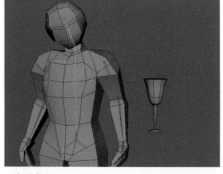

スケルトン

Human IK の FK リグ

Human IK の IK リグ

サンプルキャラクターの紹介

サンプルキャラクターは540ポリゴンからなるローポリゴンモデルです。

関節などのメッシュ構造（トポロジー）も単純ですので、動作には不都合が生じるでしょうが「スキンウェイト」調整などではシンプルな設定による確認が可能です。

立ちポーズは、Human IKの設定に向いた**Tポーズ（Tスタンス）**で作成しています。

サンプルファイル

mayaStarterBookSbS¥scenes¥Step10¥human_540_1.mb ～ human_540_4_Rig.mb

540ポリゴンのサンプルキャラクター（human_540）

> **StepUP**
> **ヒント**
>
> ## Ｔポーズ（Ｔスタンス）とＡポーズ（Ａスタンス）
>
> 文字通りＴの文字を模した「Ｔポーズ（Ｔスタンス）」か、Ａの文字を模した「Ａポーズ（Ａスタンス）」ポーズでモデリングするかを指します。どちらにも利点と欠点があります。
>
> **Ｔポーズ**　古くから利用されている、利用頻度も高いポージングです。利点として多くの資源が活用でき、モデリングのしやすさとボーン設置の簡単さがあります。
>
>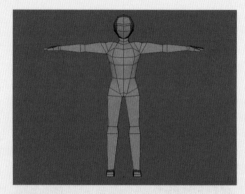
>
> **Ａポーズ**　リアルな人間の筋肉に近い状態のベースポーズとなるために、ポージングの際にメッシュの妙な変形を防げると考えられます。モデリングの難易度は格段にアップします。
>
>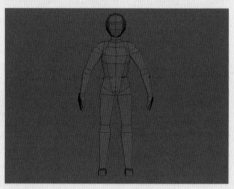

10・2　［演習］Human IK による キャラクターセットアップ

　人型のスケルトンを一から作成してもかまいませんが、Maya では、スケルトンを簡単に作成（適用）するために二つの方法が用意されています。

　一つは、すでに用意されているスケルトンをキャラクターに合わせて修正しながら設置する方法。もう一つは、少ない手順でキャラクターに合わせたスケルトンを作成できるクイックリグ（Quick Rig）ツールを利用する方法です。

　本書では、一つ目の従来より利用されている「Human IK」ウィンドウを利用して、スケルトンからリグの設置までの方法を紹介します。

クイック リグ（Quick Rig）ツール

メニュー：ウィンドウ▶アニメーションエディタ▶クイックリグは、指示に従って自動または段階的にスケルトンを設置、バインド（ジョイントと頂点の関連付け）を行うツールです。

ジョイント（ガイド）の場所を自由に設定できますので、関節の位置が独特のキャラクターなどに利用するとスケルトン作成の手間が省けます。

指は作成されませんが、Human IK リグと互換性の高いスケルトンが作成できますので、基本的なスケルトンの作成のみに利用するのも良いでしょう。

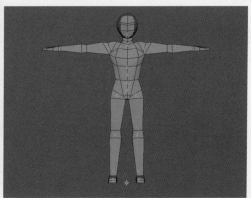

クイックリグツール　　　　　　　**ジョイントの場所を決めるガイドの設定**

■ **ワークフロー**

（1）スケルトンを作成（Maya の Human IK スケルトンを利用）

（2）スキンのバインド

（1）スケルトンを作成

メニュー：ウィンドウ▶アニメーションエディタ▶Human IK または「Human IK」アイコン（🙆）をクリックして「Human IK」のウィンドウを表示しましょう。

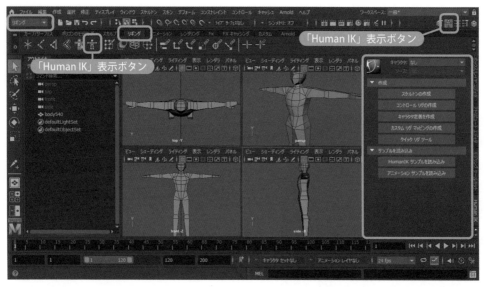

Human IK ウィンドウ

メニューセット、シェルフのタブとも「リギング」を選びます。スケルトンは必ず正投影ビュー
で作成してください。

**自身でキャラクターを作成する場合は、正面を「front-Z」に向くように作成し、作成した後に
トランスフォームのフリーズとヒストリの削除を行いましょう。**

「Human IK」のウィンドウの［スケルトンの作成］ボタンを押すと、スケルトンが作成されます。

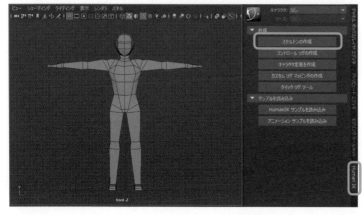

「front-Z」から設置

作成されたスケルトンは、「Character1」と名付けられています。スケルトンがメッシュに隠れ
て見えない場合は、［ジョイントの X 線表示］ボタンを押して表示しましょう。

作成したスケルトンに対しての細かな設定も可能ですが、ここでは初期のままで利用します。

サンプルキャラクターは、初期値で作成されるスケルトンに合わせた大きさで作成しています。

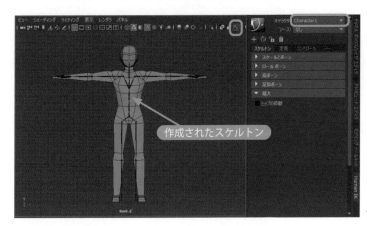

作成されたスケルトン

アウトライナを確認すると、Hips（Character1_Hips）を起点にボーンが作成されています。

Hips の位置は、その名の通り、腰の少し下あたりの位置に設定します。すべてのボーンの起点となるため重要ですが、このキャラクターではこのままの位置で良いでしょう。

Reference（Character1_Reference）はボーンをまとめるためのレンダリングされないオブジェクトで、**ロケーター**と呼ばれます。

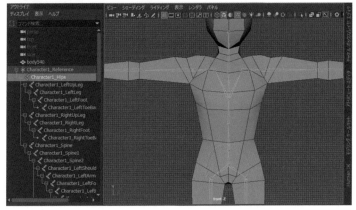

Hips の位置を確認

メッシュや関節の位置をイメージして、ジョイントの位置を修正します。左右のボーンを対称に設定するのは大変ですので、片方だけを設定し、ミラーコピーを行ってもう一方を作成します。

このキャラクターでは左脚を設定しましょう。

ローポリゴンのキャラクターですので、関節部分は非常にシンプルです。

「移動」ツールで位置移動を行っても大きな問題は発生しないでしょうが、各ジョイントは固有の回転軸を持っています。ジョイントの移動によって回転軸が大きく歪むと関節の曲がりも変になります。

ここでは「回転」ツールで少しだけ回転させ、膝のジョイントも同時に位置決めしました。**スケルトンの設定は必ず正投影のみで行ってください。**

正面から位置決めを行っているときは他の正投影からの設定は後回しにしましょう。

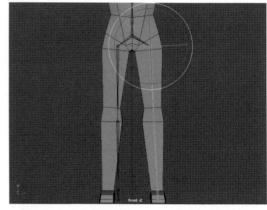

左脚のボーンの位置を調整

足首のジョイントは「移動」ツールで位置決めしました。

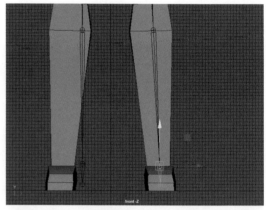

足首のジョイントを位置決め

Spine（背骨）はそのままの状態で変更は加えませんでした。Neck（Character1_Neck）のジョイントは首の位置まで移動しました。

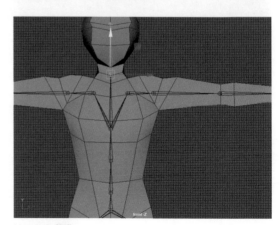

Neck を移動

　手のひらの付け根に位置するジョイント
は、手首の位置に移動しました。

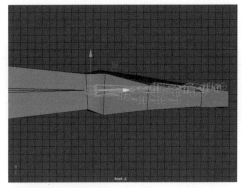

「front-Z」からの手

　少し面倒なのが指です。このキャラクターは
ミトン（鍋つかみ）状の手で、5 本分の指のスケ
ルトンは必要ありません。ビューを「top-Y」に
換えて、不要な 3 つの指のスケルトンを選択し
て [delete] で削除します。

　どの指を削除してもかまいませんが、本書サ
ンプルでは調整のための移動ができるだけ発生
しない指を選んで削除しました。

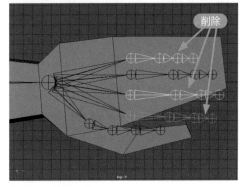

「top-Y」からの手

　残った二組のスケルトンのジョイント位置を
調整しましょう。

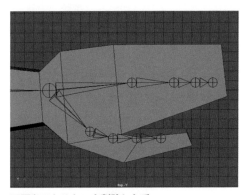

不要なスケルトンを削除した手

　指を曲げるために必要なエッジも作成してい
ませんので、ジョイントの数は少なくて済みそ
うです。根元から位置決めを行い、はみ出した
ジョイントを削除するのが簡単でしょう。

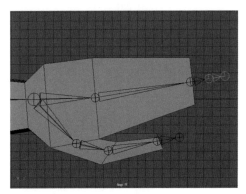

先端の不要なジョイントを削除

手の調整はこの程度で良いでしょう。

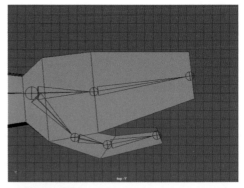

手のひらの確認

　腕全体を「top-Y」から再確認します。少し後ろに位置していたので、各ジョイントを腕の中心あたりに移動させました。

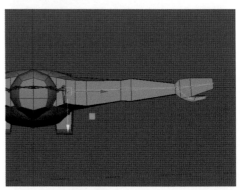

「top-Y」から腕を調整

　指の上下位置は確認済みですか。
　「front-Z」から確認して、スケルトンの上下位置を指の中心あたりに移動しましょう。

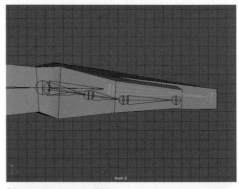

「front-Z」からも確認

　次に、「side-X」からミラーコピーで作成予定の脚の設定を行いますが、その前に見た目も邪魔になる右腕と脚の不要なスケルトンを選択し、削除します。

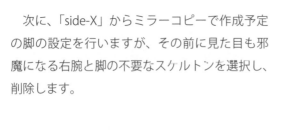

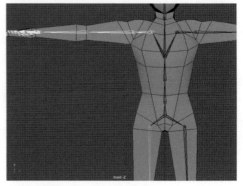

右側の不要なスケルトンを選択

選択したジョイントを指と同様に [Delete] で
削除します。

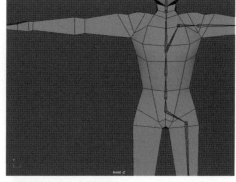

不要なスケルトンを削除

脚 は IK（インバースキネマティクス）
258ページ参照 として設定されるので、「side-X」
に切り替えて少しだけくの字に曲げておきます。
　腕も IK となりますが、今回はそのままにして
おきましょう。

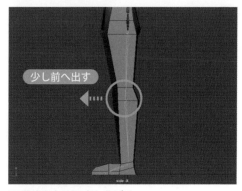

IK 設定のために少し曲げる

「side-X」からスケルトン全体の確認です。背
骨のイメージで設置し、腰から頭にかけて少し
後ろに位置しています。

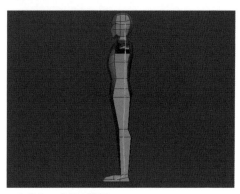

スケルトン全体の確認

　次に、右腕にコピーするために、左腕のスケ
ルトンを選択します。
　もし、ジョイントが小さく見づらい場合は、
メニュー：ディスプレイ▶アニメーション▶ジョ
イントサイズ … を選んでジョイントサイズを変
更しましょう。

ジョイントサイズ変更のパネル

ジョイントサイズを少し大きくしてみました。

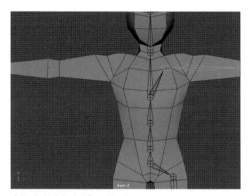

少し大きくしたジョイント

■ ジョイントのミラー

リギングメニュー：スケルトン▶ジョイントの
ミラーのオプション（右端の□マーク）をクリッ
クします。

「ジョイントのミラー オプション」ウィンドウ
では、ミラー平面を「YZ」とし、検索する文字
列に「_Left」、置換後の文字列に「_Right」を入
力して［適用］ボタンを押します。

この設定によって、ミラーコピーされるジョ
イント名の「_Left」が「_Right」に変わり作成
されます。

ジョイントのミラーオプション

ジョイントのミラーは一度に一組ずつのスケ
ルトンしか設定できません。左腕のミラーがで
きれば同様に左脚もミラーしましょう。

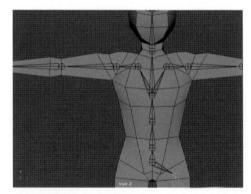

ジョイントのミラーは一組づつ

■ キャラクタ定義を作成

ミラーコピーしたために、スケルトンの定義がそのままでは不要なスケルトンが重複してエ
ラーとなります。

［スケルトン定義の削除］ボタンを押して「Character1」のスケルトン定義を一旦削除します。

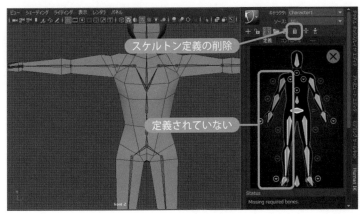

**［スケルトン定義の削除］ボタン
を押す**

スケルトン定義を削除すると「Human IK」のウィンドウが初期化されます。［キャラクタ定義
を作成］ボタンを押してください。

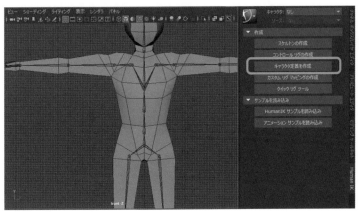

再定義を行う

「Character1」の名前で「キャラクタ定義を作成」画面が表示されます。「キャラクタ定義」とは、
スケルトンを Human IK リグに割り当てるための紐付け設定です。

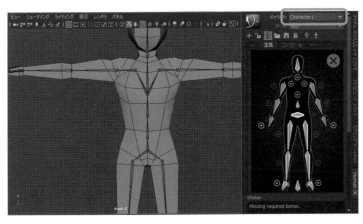

「キャラクタ定義」画面

スケルトンの Hips と「Human IK」の Hips をクリックします。

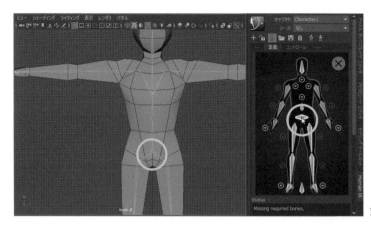

対応する場所を選択

　キャラクタ定義は本来少し面倒な作業ですが、元が Human IK のスケルトンを利用しています
ので、ここではテンプレートを呼び出して［OK］ボタンを押すだけです。

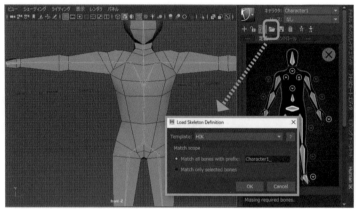

テンプレートを呼び出す

　すべてが緑色になりチェックマークが表示されれば完了です。
　なお、本サンプル作成では、Human IK リグの設定はスキンウェイト調整後に行います。

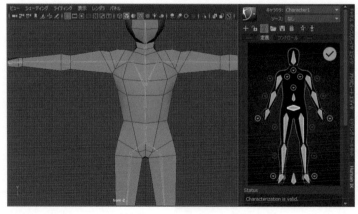

キャラクタ定義の完了

> **StepUP ヒント**　**オリジナルのキャラクターをモデリングする場合**
>
> 　Human IK の使用を前提とするオリジナルキャラクターのモデリングの際は、ベースとなる Human IK スケルトンのプロポーションを意識して作成するのが良いでしょう。
>
> 　Human IK スケルトンの身長はおよそ 180 cm 程度に想定されているようです。
>
> 　両脚はウェイト調整を簡易にするために少し離して、ローポリゴンで作成しましょう。ローポリゴンモデルを作成することにより、メッシュの変形に必要なポリゴン数や形状への理解が進みます。HumanIK スケルトンよりも大きなキャラクターや小さなキャラクターを設定する場合は、まず最初に Hips の位置を決め、次に各ジョイントを移動させて調整してください。スケールを利用したスケルトンの調整は、その後の設定にも注意が必要ですので、初心者は避けた方が良いでしょう。

(2) スキンのバインド

　スケルトンの準備が整えば、次はメッシュの頂点とジョイントを紐付ける**スキンのバインド**です。

　メッシュとスケルトンの親である Hips を同時に選択して、リギングメニュー：スキン▶スキンのバインドのオプション（右端の□マーク）をクリックします。

　Character1_Reference を選択しないように注意してください。

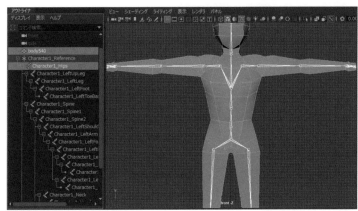

スケルトンとメッシュを選択

　「バインドスキンオプション」ウィンドウが開きますので、バインド先を「ジョイント階層」、バインド方法を「最短距離」、最大インフルエンス数を「2」に設定します。

　メッシュ構造の単純なキャラクターですので、バインド方法では「最短距離」を設定します。「階層内の最近接」や「測地線ボクセル」などでは結果が違ってくるでしょう。

最大インフルエンス数は、頂点に影響を与えるジョイント数の設定です。スキンウェイト調整を簡易に行うためにも小さな数を設定しています。

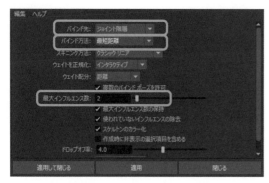

バインド スキン オプション

設定ができれば、[適用] ボタンを押してバインドを実行しましょう。バインドが終了するとスケルトンは虹色に変わります。

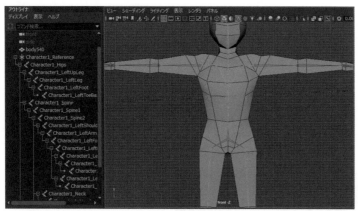

虹色に変わったスケルトン

確実にバインドされているかを確認するために、「回転」ツールでジョイントを回転させて、腕や脚を動かせるか確認します。問題ないことが確認できたら、必ず [Ctrl] + [Z] で元の T ポーズに戻して保存しましょう。

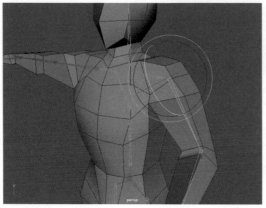

バインドの確認

ウェイト調整とリグ作成

サンプルキャラクターのバインドは完了しました。次は、スキンウェイト調整と Human IK リグの設定です。

■ **ワークフロー**

（1）スキンウェイト調整

（2）コントロールリグの作成（Maya の Human IK リグを利用）

（1）スキンウェイト調整

スキンウェイト調整とは、ジョイントを操作してポーズを作成した際に発生する不都合の解消やクオリティアップをめざして、メッシュへの影響力（インフルエンス）を調整する作業を言います。ウェイト調整やスキニングなどと呼ばれることもあります。

スキンウェイト調整だけでは問題が解消できない場合は、モデリングやスケルトンの修正作業などのリテイクも発生します。

本書のサンプルキャラ（human_540）はローポリゴンのシンプルなキャラクターで、調整の範囲も限られていますが、ここではいくつかの「目立つ」部分の調整を紹介します。

■ **ジョイントの名前変更**

スキンウェイト調整に入る前に、アウトライナやジョイントリストに表示される名前が少し長いので、名前の変更を行います。

「Human IK」ウィンドウの左上ボタンを押し、キャラクタ名の変更を選びます。本書では Ch1 と変更しました。

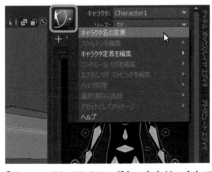

「Human IK」アイコンボタンをクリックして
キャラクタ名の変更**を選択**

短い名前に変更

アウトライナを確認すると、すべての名前が「Ch1_……」と変更されました。［スケルトン定義のロック］ボタンも押して、スケルトンの定義をロックしておきましょう。

■ スキンウェイト調整箇所の確認

　それでは、いくつかの部位を動かしてスキンウェイトの調整箇所を決めましょう。**ジョイントを操作してポーズを作るときは「回転」ツールのみを利用**します。色々とポーズを変えて、自分の気に入らない部分を確認します。

こんなポーズにしなくても OK！

　一つ目の修正箇所は、首を後ろに曲げたときの喉の出っ張りが少し気になります。こちらは簡単に修正できそうです。

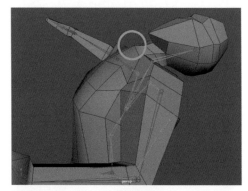

首元のスキンウェイト調整箇所

　二つ目は、脚を前に曲げた時に、脚の付け根のあたりとおなかの変形が少し気になります。難しそうな部分ですが、こちらも修正してみましょう。

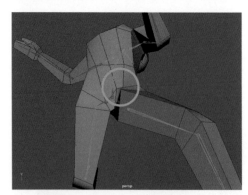

脚の付け根のスキンウェイト調整箇所

バインドポーズ（T ポーズ）に戻す

　色々とポーズを変えた後でも、メッシュを選択した状態でリギングメニュー：スキン▶バインドポーズに移動を選択すれば、バインドを行った時のポーズ（T ポーズ）に戻すことができます。

■ スキンウェイト調整の手順

先ず調整箇所が分かりやすいようにポーズを付けます。

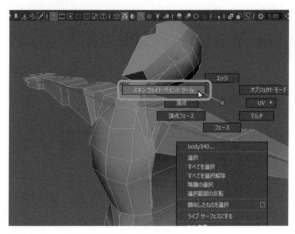

スキンウェイトペイントツールを選択

次に、メッシュを選択した状態で右マウスボタンを押し、マーキングメニュー：スキンウェイトペイントツールを選択しましょう。

スキンウェイトペイントツールを選択すると画面がペイントモードになり、ツールが表示されます。

※スキンウェイトペイント画面への切り替えは、メニューやシェルフのアイコンでも可能です。

選択されているジョイントの影響の強さが、グレースケール画像で表示される

スキンウェイトペイント状態のビュー表示

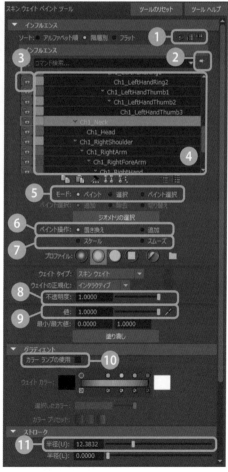

スキンウェイトペイントツール

①　リストの表示リセット、展開表示、折り畳み表示ボタン

スケルトン表示は展開表示して見やすくしましょう。

②　選択ジョイントのみの表示

選択したジョイントのみを表示します。[Ctrl] を押しながらジョイントをクリックすることで、複数のジョイントのみを表示に設定可能です。

③　ジョイントをロック

ジョイントのインフルエンス設定をロックします。

④　ジョイントのリスト

対象のジョイントをリスト表示します。選択したジョイントのインフルエンスがビューに表示され、ツールによる編集対象となります。

⑤　ウェイトペイントのモード選択

ペイントはブラシによるウェイト調整、選択は選択した頂点に対する値設定、ペイント選択はブラシによる頂点を選択、解除などが可能になります。

⑥　ペイント操作

ブラシによるウェイト調整の効果を設定します。置き換えとスムーズが比較的使いやすいでしょう。

- 置き換え：値に設定されている数値で置き換え
- 追加：近接するジョイントの値を加算
- スケール：離れたジョイントの値が減少
- スムーズ：スムーズになります。

⑦　プロファイル

ブラシの形状を設定します。「ソリッドガウス」と「ソリッドソフト」はぼかし幅のあるブラシ、「ソリッドブラシ」はぼかし幅のないブラシです。

⑧　不透明度

ブラシの値の適用量を設定します。「1」の場合は値はそのままの適用、「0.5」の場合は半分の適用となります。

⑨　値

ブラシのインフルエンスの値、または選択した頂点のインフルエンスの値を設定します。

⑩　カラーランプの使用

チェックを入れると標準のグレースケール表示から任意のカラーバー表示に切り替わります。

⑪　ストローク

半径（U）はブラシの半径を設定します。ビュー上で [B] + 左マウスボタンのドラッグでサイズを変更することも可能です。

ホットキー（ウェイトペイント時）

[Ctrl]	ブラシの効果が逆に働きます。例えば値を「1」でペイント操作を置き換えに設定している場合、[Ctrl] を押すと「0」で置き換えることが可能です。
[Shift]	ペイント操作をスムーズにします。

■ 首元のスキンウェイト調整

それでは、首元の部位からスキンウェイト調整を試してみましょう。**ジョイントを操作してポーズを作るときは「回転」ツールのみを利用**します。

Ch1_Neck を回転させて、首元の変形を確認します。

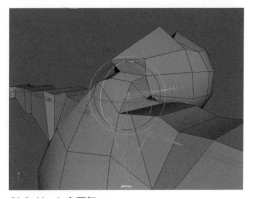

Ch1_Neck を回転

メッシュを選択し、スキンウェイトペイントツールのウィンドウを表示し、ジョイントリストで Ch1_Neck を選択します。

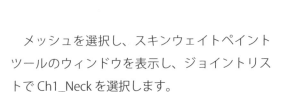

スキンウェイトペイントツール

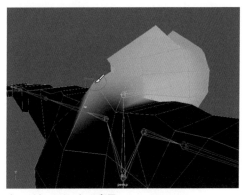

ウェイトペイントの表示

ペイント操作は初期設定の置き換えを使用しました。

置き換えを使用

グレースケール画像で表示された白い部分はジョイントの影響が強い表示です。首元の白い色を黒にペイントすれば良いので、値を「0」に設定してペイントするか、「1」のまま [Ctrl] を押してブラシの効果を反転してペイントします。

ここでは効果を反転させてペイントしました。

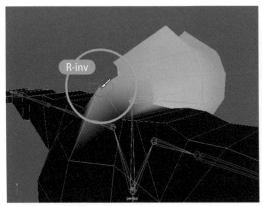

[Ctrl] でブラシ効果を反転

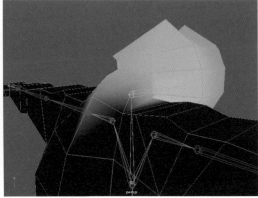

出っ張りが抑えられた

スムーズを使用しても調整は可能です。スムーズは設定されている値をぼかすような効果があるので、値の設定は無効になります。

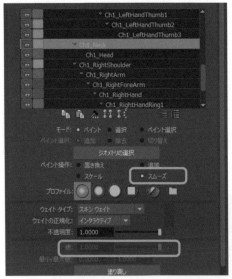

スムーズを使用、値の設定は不要

何度もクリックするような操作で、出っ張りの高さを調整しましょう。置き換えとスムーズのどちらでも調整は可能ですので、自分にとって使いやすいツールを見つけましょう。

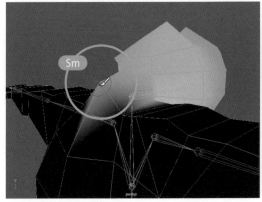

何度もクリックするように

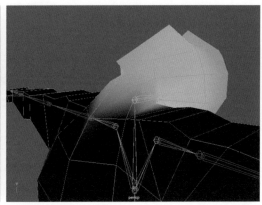

出っ張りが抑えられた

　頭を前に傾けると背中にも出っ張りを見つけてしまいました。こちらも調整してみましょう。

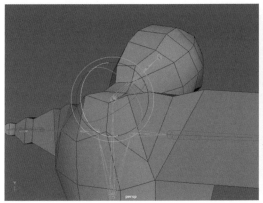

頭を前に傾けて確認

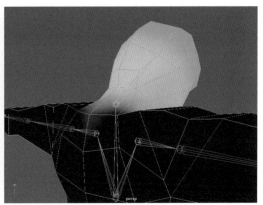

背中の出っ張りも抑えられた

■ 脚の付け根のスキンウェイト調整

　次は、脚の付け根のスキンウェイト調整です。首元に比べて、こちらは少し手間取り、結果も
あまり満足できる状態にはならないでしょう。

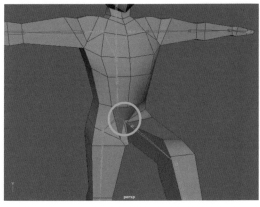

脚の付け根を調整

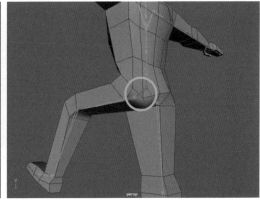

お尻のへこみも調整

　ペイントによるスキンウェイト調整も便利ですが、少し入り組んだ場所ですので、頂点を選択して値を調整してみます。また、腕や足などのように、左右のウェイト調整が必要な場合は、片方だけを調整し、その後反対側へウェイトのコピーを行います。サンプルキャラクターでは左側だけを調整してスキンウェイトのミラーを行います。

　頂点の値を設定するには、モードを「選択」に設定し、頂点とジョイントを選んで値を調整しましょう。

StepUP ヒント　「選択」モードの「頂点」とボーンの選択

　①「選択」のモードでは、②頂点を選択し、③[Shift] を押しながらボーンをクリックすると、④関連するジョイントがスキンウェイトペイントツールのジョイントリストにも反映され、⑤値を編集することができます。

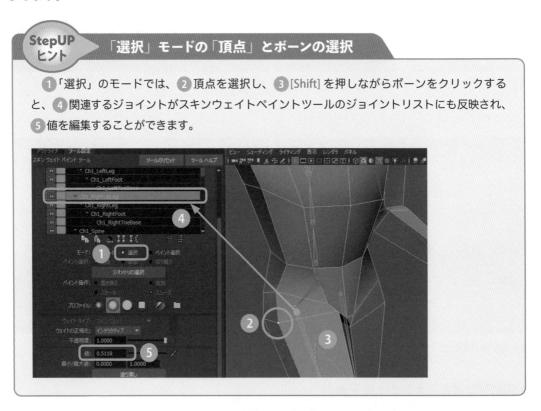

　まず、お腹の部分のへこみが気になります。このキャラクターの脚や腕は4面で構成されていますので、一つの頂点で奥行きと幅の位置を決めます。

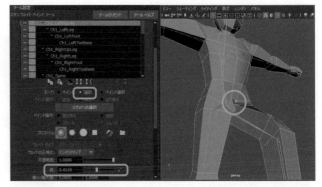

難しい調整！

どちらに動かしても思った位置にはもって行けそうにありません。二つの頂点を順に選択して近い位置に設定しました。

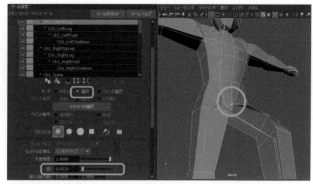

複数の頂点を調整

次に、お尻のあたりの頂点を選択して確認してみましょう。

値が「0.5159」に設定されていますので、スライダーを左右に動かして思った形になる部分を探します。

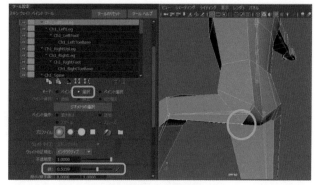

Ch1_LeftUpLeg に引き寄せられている

数値を直接入力することも可能です。本書の例では「1.0」に設定しました。

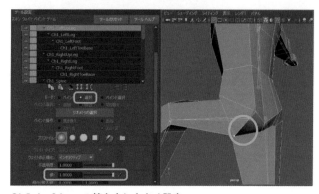

Ch1_LeftLeg の値を少し大きく設定

追加の修正箇所を見つけました。

膝を曲げると少し厚みが薄くなります。

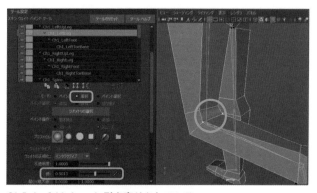

Ch1_LeftUpLeg に引き寄せられている

二つの頂点を選択して値のスライ
ダーを動かします。少しめり込みが
ありますが、このあたりで良しとし
ましょう。

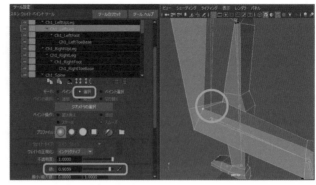

Ch1_LeftLeg の値を少し大きく

■ バインドポーズに戻し、ウェイトをミラーコピーする

左側半分のスキンウェイト調整を終えたところで、ポーズを「T- ポーズ」に戻します。
「カラーランプの使用」にチェックを入れて各状態を見てみましょう。

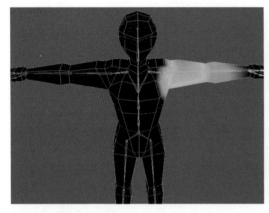

ウェイト調整済みの左側　　　　　　　　　　　　　**まだ調整されていない右側**

左側半分のウェイトを右側に反転コピーするために、**オブジェクトモードでメッシュを選択**し、
リギングメニュー：スキン▶スキンウェイトのミラーのオプション（右端の□マーク）をクリッ
クします。

オプションウィンドウが表示されたら、反転の軸を設定するミラー平面を「YZ」とし、方向（反
転の方向）の「正負反転（+X を -X に）」のチェックを ON にします。

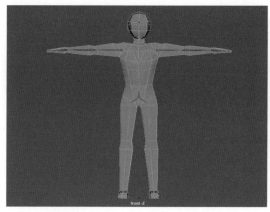

メッシュを選択

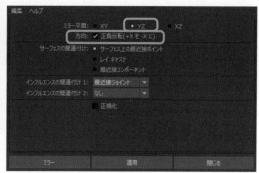

スキンウェイトのミラーオプション

スキンウェイトのミラーを行い、左側にもウェイトが反転コピーされました。

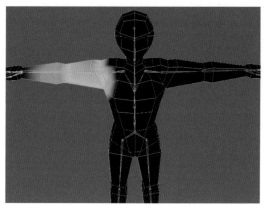

右側にもコピーされたウェイト

ここまで、簡単なスキンウェイト調整の例として、ペイントと選択に関しての調整方法を紹介しました。

スキンウェイト調整の上達に近道はありません。また、ウェイト調整の正解は作者が決めることです。自分で作成したモデル（キャラクタ）で、自分で決めた調整内容に向かって注意深く丁寧に行うことが最も良い練習方法です。

StepUP
ヒント **スキンウェイトのコツ**

　スキンウェイトを効率良く行うには経験が必要ですが、ここで何点か効率化のポイントを記します。

● **可動の範囲を決めておく**
　どこまで動かしても破綻しないウェイト調整を目指すのは止めましょう。

● **ジョイントのリストを十分に広く表示する**
　スクロールしながらの作業は大変です。

● **必要なジョイントのみを表示する**
　編集するジョイントのみを表示しましょう。

● **頂点への操作をイメージする**
　特にローポリゴンの対象では、「塗る」よりも「クリック」を意識しましょう。

● **頂点への値設定を行う**
　ペイントだけでなく、頂点を選択しての値設定も併用しましょう。

● **一方向にウェイト調整を行う**
　付け根から先端など、ジョイントチェーン（ジョイントの連結）では一方向に順に調整を行いましょう。

● **離れたジョイントも確認**
　思いもよらないジョイントの影響があるかもしれません。

● **スキンウェイトのミラーを使う**
　片側だけを調整した後、スキンウェイトのミラーによってウェイトを反転コピーするのが便利です。

● **トポロジー、ジョイント位置を再考する**
　どうしてもうまくできないときは、トポロジー（ポリゴンメッシュの構成）やジョイント位置の再考も必要かもしれません。

（2）コントロールリグの作成

スキンウェイト調整が終われば、最後に Human IK のリグを設定してみましょう。

Human IK は、名前の通り IK（インバースキネマティクス）を自動で設定することが可能です。

❶「Human IK」ウィンドウでキャラクタに Ch1 を選択し、**❷** ソースに「コントロールリグ」を選択すると、コントロールリグの作成が始まります。

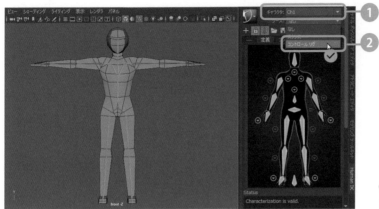

Ch1 を選択と
コントロールリグを選択

コントロールのタブ画面にコントロールが表示され、ビューのキャラクタには FK と IK のコントロールリグが表示されます。

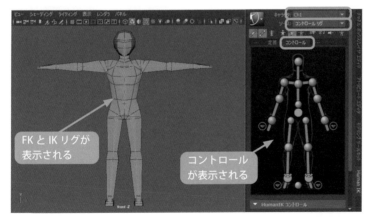

FK と IK リグが
表示される

コントロール
が表示される

リグが設定された

アウトライナを確認すると Ch1_Ctrl_Reference が作成されていることが確認できます。

FK と IK 用のオブジェクト

アウトライナの表示

■ キャラクタコントロールの概要

さぁ、これでキャラクタのポーズを自由に作成できます！

Human IK リグの作成後のポーズ作成は、キャラクタのスケルトンを直接操作せずに、作成されたコントロールまたは画面上の FK、IK リグで操作するようにしましょう。

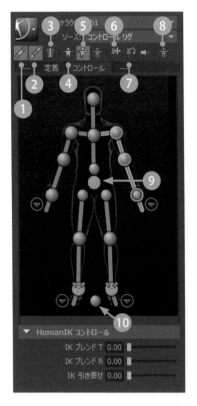

①**IK の表示／非表示**：ビュー内の IK の表示と非表示を切り替える。

②**FK の表示／非表示**：ビュー内の FK の表示と非表示を切り替える。

③**スケルトンの表示／非表示**：ビュー内のスケルトンの表示と非表示を切り替える。

④**フルボディ**：IK ハンドルを操作すると、体全体に影響を与える。

⑤**ボディパーツ**：IK ハンドルを操作すると、操作されている IK 設定内に影響を与える。

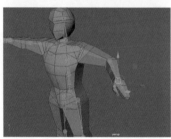

⑥**移動の固定**：移動を固定する。

⑦**回転の固定**：回転を固定する。

⑧**スタンスポーズ**：バインド時のポーズに戻す。

⑨**Hips**：キャラクタの中心となり上体のポジション設定などに使用する。

⑩**Reference**：キャラクタの親として設定されたオブジェクト（ロケーター）。移動、回転、拡大縮小が可能。

　Human IK を利用して思い思いのポーズを作ってみましょう。モデリングの練習もかねて、オリジナルのキャラクターを作成するのも良いでしょう。

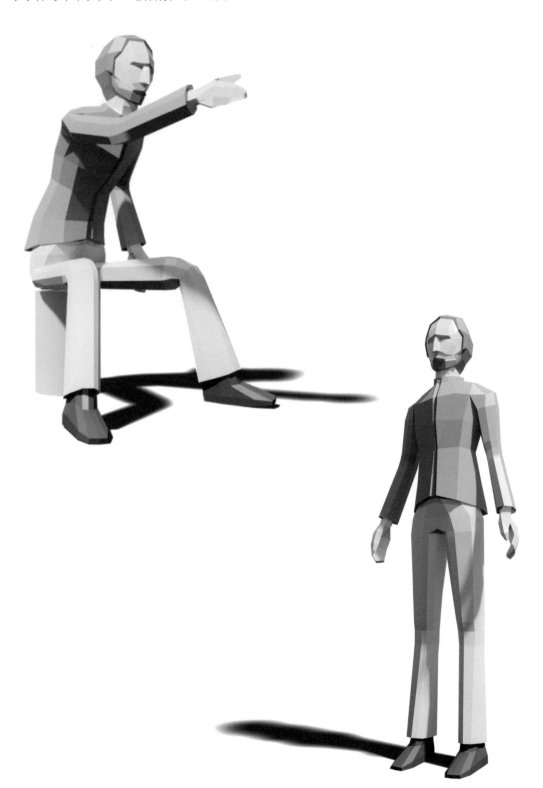

ちなみに僕は 7500 ポリゴンなんだけど。

Step **11**

アニメーションの基礎

現在では多くのアニメーション作品が 3DCG ソフトによって制作されています。動きのあるシーンを制作するためにアニメーション設定の基礎を学びましょう。

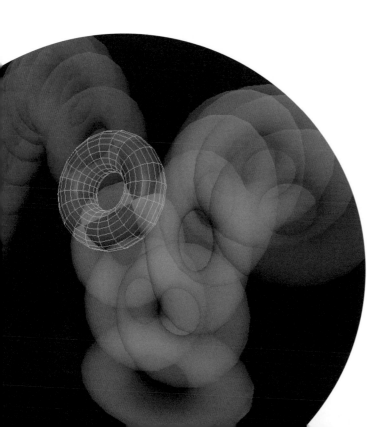

アニメーションのための環境確認

　アニメーションの基礎勉強として、タイヤの転がりやバウンド設定を行ってみましょう。

　ボールを使った動きの設定はアニメーション練習の王道ですが、ここでは少し工夫して、プリミティブの**トーラス**をタイヤに見立てて基本的なアニメーション設定を学びます。

　作業に入る前に、アニメーションに関するプリファレンスの**タイムスライダ**と、利用頻度の高い**アニメーションコントロール**を確認します。本書では「一般」ワークスペースでの操作手順を紹介していますが、「アニメーション」ワークスペースに切り替えても OK です。

プリファレンス

　アニメーションの再生状態など「タイムスライダ」の基本的な設定は、メニュー：ウィンドウ
▶設定 / プリファレンス▶プリファレンスを選択して表示される「プリファレンス」ウィンドウで
「設定」の「タイムスライダ」カテゴリを表示するか、または「アニメーションコントロール」の
「プリファレンス」（ ）で行います。これらの設定は「アニメーションコントロール」で変更することも可能です。

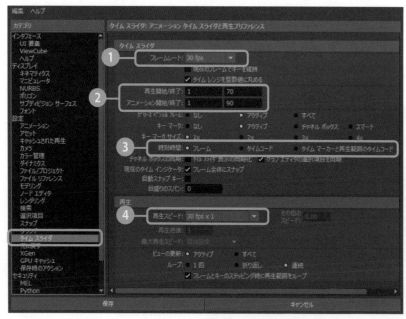

プリファレンスの
「タイムスライダ」カテ
ゴリ

1 **フレームレート**：1 秒間に表示するフレーム数（fps、フレームレート）を設定します。ビデオ作品では 30 fps、旧来からのアニメーションでは 24 fps が一般的です。これは最初に設定しておきましょう。

② **再生開始／終了**：アニメーションを再生する範囲です。

　アニメーション開始／終了：作成するアニメーションの全体の長さです。

　制作例では初期値より短い「90」（3秒）を設定しています。

③ **時刻時間**：タイムスライダに表示されるフレームの単位です。

④ **再生スピード**：再生を行った場合に再生されるスピードです。例えばリアルタイムの再生（実時間と同じスピード）はフレームレート×1の設定となります。

アニメーションコントロール

アニメーションコントロールは、タイムスライダ、再生コントロール、レンジスライダ、再生オプション、などから構成されています。

プリファレンスの「タイムスライダ」カテゴリで設定する「フレームレート」や「再生開始／終了」などは、アニメーションコントロールからも設定可能です。

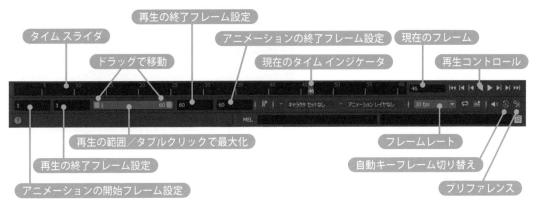

アニメーションコントロール

11・2　［演習］サイクル設定で回転するタイヤ

アニメーションの基本練習として、回転するタイヤを設定してみましょう。この演習では Maya の**キー**に対する理解を深めます。

サンプルファイル

```
mayaStarterBookSbS¥scenes¥Step11¥tire01.mb 〜 tire02.mb
```

■ **ワークフロー**

（1）タイヤの準備

（2）キーフレーム設定

    （2-1）移動

    （2-2）回転を加える

（3）サイクル（繰り返し）の設定

（1）タイヤの準備

メニュー：作成▶ポリゴンプリミティブ▶トーラスを選んでポリゴントーラスを作成します。

ポリゴントーラスの設定は、移動Yに「1.5」（トーラスの半径と断面の半径の合計）、回転Xに「90」度を設定して地面に設置させます。

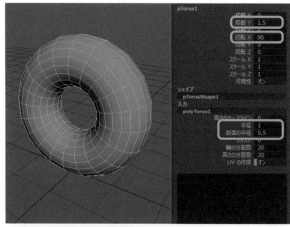

トーラスの角度や位置を調整

次に、右マウスボタンを押してマーキングメニュー：お気に入りのマテリアルの割り当て▶標準サーフェスを選択して「標準サーフェス」を適用させ、**タイヤの回転が確認できるように**テクスチャとして「チェッカ」を選択します。

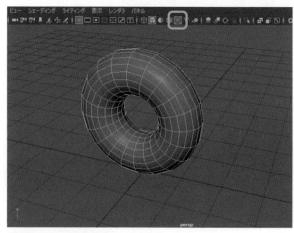

標準サーフェスを適用

マテリアルの「カラー」の［レンダーノードの作成］ボタンを押して、「チェッカ」を設定します。

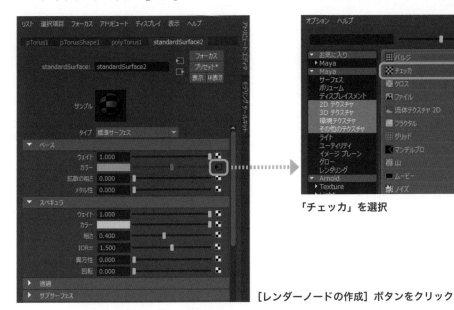

「チェッカ」を選択

［レンダーノードの作成］ボタンをクリック

「チェッカ」によるチェック柄の色や大きさはアトリビュートエディタで設定可能です。

チェッカ画像のプレビューはテクスチャの表示を有効にしてください。

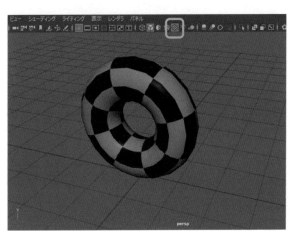

「チェッカ」の表示を確認

■ (2) キーフレーム設定

キーフレームとは、移動や変形の転換点となるフレームです。3DCG におけるアニメーション設定は、特定の時間（フレーム）にキーフレームを設定することによって可能となります。

例えば、A と B の 2 点間を移動するアニメーションは、A 地点の位置でキーフレームを打ち（設定し）、対象を B 地点へ移動させた後に再度キーフレームを打つことによって可能となります。

なお、Maya ではキーフレームを単に**キー**と呼んでいます。

■（2-1）移動

それでは早速、作成したタイヤに移動のアニメーションを設定してみましょう。

タイヤの移動では X 軸方向だけの移動を設定します。❶**1 フレーム**目でタイヤを選択し、移動 X の文字の上で右マウスボタンをクリックし、❷メニュー：選択項目のキー設定を選んでキーを設定します。

キーが設定されたフレームは、タイムスライダ上で赤い線で表示されます。

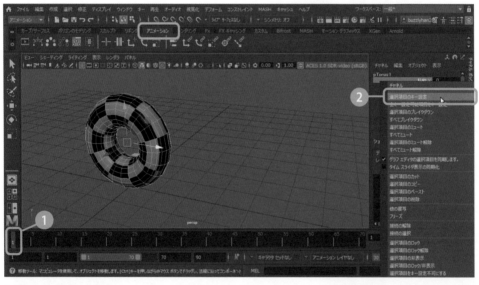

1 フレーム目のキー設定

次に、**インジケータを 60 フレームに移動します。その後で、トーラスを X 軸方向に適宜移動させます。** 本書の例では 11（ユニット）移動させました。

次に、再度移動 X のアトリビュートタイトル文字の上で右マウスボタンをクリックし、メニュー：選択項目のキー設定を選択してキーを設定します。

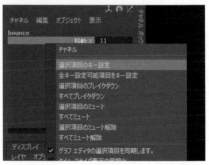

選択項目のキー設定**を選択してキーを設定**

　正確な移動を行う場合は、チャネルボックスに数値を入力するかグリッドスナップを利用しましょう。

　キーが設定されたチャネルは赤く表示されます。

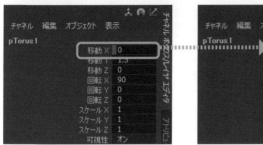

1フレームの設定　　　　　**60フレームの設定**

　キーが設定できたら、［再生］ボタンを押してアニメーションを再生してみましょう。

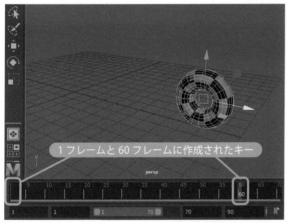

キーが設定されたフレーム

「最初のフレームに移動」ボタン　　「再生」ボタン

**アニメーションの
動きを確認**

　タイムスライダの青い線は、効率良く再生するためのキャッシュされたアニメーションデータを示しています。

StepUP ヒント　　**自動キーフレーム切り替え**

　自動キーフレーム切り替え（ ）を有効にすると、オブジェクトを操作することによってインジケーターのある位置に自動でキーフレームが作成されます。

　自動キーフレームでキーが作成されるには、すでにキーフレームの設定されているオブジェクトである必要があります。

StepUP ヒント　キー設定のバリエーション

　本書の例では、アトリビュート上で右マウスボタンをクリックし、メニュー：選択項目のキー設定を選んでキーを設定していますが、他の方法としてホットキーの [S]、「アニメーション」シェルフのアイコンボタンによるに方法などがあります。

　ホットキーの [S] や ［キーの設定］ボタン（）によるキー設定は、すべてのチャネルにキーを作成します。

　一方、アトリビュート上で右マウスボタンをクリックしてメニュー：選択項目のキー設定を選ぶ方法は、選択したチャネルだけにキーを設定します。

　特定のチャネルだけにキーが設定されている場合は、2 度目以降からのキーは［アニメートへのキー設定］ボタン（　）を押して、変化のあるチャネルだけをキー設定することも可能です。

　変更のないチャネルすべてにキー設定するのも簡単で良い方法ですが、本書では、アニメーション設定しているチャネルを明確に意識するためにも、変更チャネルのみへキーを設定しています。

キーの削除

　キーを削除するには、キーの赤い線があるフレームを右マウスボタンでクリックし、メニュー：削除を選択して削除するか、アトリビュートタイトル文字の上で右マウスボタンをクリックし、メニュー：接続の解除を選んでください。

StepUP ヒント　ブレイクダウン キーとインビトウィーン

- ブレイクダウンキーは、通常のキーフレーム（赤色の線）への比率を保持したキーフレームです。緑色の線として表示されます。
- インビトウィーンは、フレームを 1 フレーム、追加／削除します。

(2-2) 回転を加える

　タイヤの移動アニメーションはうまく設定できました。しかし、このままでは滑って移動しているだけでタイヤが回転していません。少し変ですね。

　そこで、移動しているタイヤに回転のアニメーションを加えましょう。回転 Z の向きに 1 秒あたり 1 回転させてみます。

① 1フレーム目にインジケータを戻し、タイヤを選択した状態で**回転 Z** の文字の上で右マウス ボタンをクリックし、**メニュー：選択項目のキー設定**を選んでキーフレームを設定します。

② インジケーターを **30フレーム（1秒後）** に移動させ、「回転」ツールでタイヤの回転方向を 意識して回転 Z の向きに少し回転を加えます。

「回転」ツールで回してみると、マイナス方向がタイヤの回転方向として正しそうです。

一回転させるために「−360」を入力してキーを設定しましょう。

 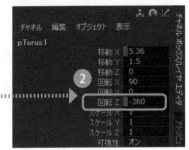

1フレームの設定　　　　　**30フレームの設定**

設定が終わればアニメーションを再生してみましょう。思った通りの動きでしたか。いくつか 問題がみられます。さらに調整を進めましょう。

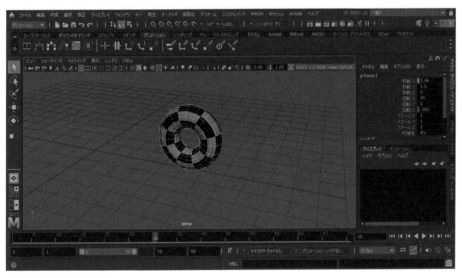

移動と回転のキー設定

グラフエディタの使い方

次に紹介するサイクル（繰り返し）の設定は、グラフエディタを使って行います。グラフエディ タは、キーに設定された様々な設定値の変化を視覚的に確認でき、キーからキーへの値の変化を カーブや直線で設定可能なエディタです。イージング（加速、減速）、等速のアニメーション設定 では必須といえるツールですが、機能も多くカーブ操作に馴染みのない人にとってはその操作に 戸惑うでしょう。

そこで、サイクルの説明に入る前にグラフエディタの簡単な使い方について説明しましょう。利用する機能を限定して少しずつ慣れるようにしてください。

■ 各部の名称と概要

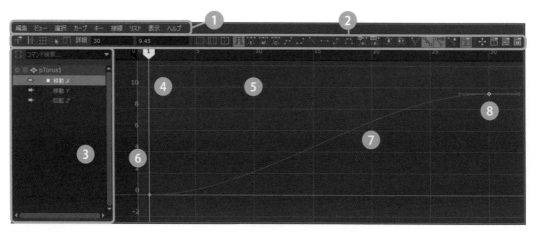

グラフエディタ

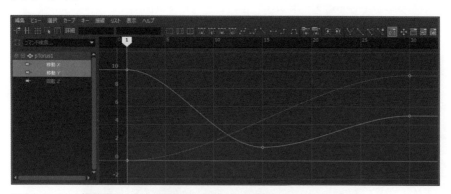

アウトライナで複数のチャネル（移動 X、移動 Y）を選択したグラフエディタ

①メニュー：グラフエディタで利用可能な機能が並ぶメニューです。

②ツールバー：メニュー項目の中から、利用頻度の高い機能を素早く適用するためのツールアイコンが並びます。

③アウトライナ：選択されているオブジェクトで、キーが設定されているチャネルが表示されます。

④インジケータ：現在のフレームを表示、指定します。

⑤タイムルーラー（時間軸）：フレームまたは時間軸となり、左から右へ進行します。

⑥値の変化量：0を基準に＋値（上方向）、－値（下方向）の変化量を表す軸です。

⑦アニメーションカーブ：接線の設定により、キーからキーへの値の変化がカーブまたは直線として表示されます。

⑧キー（キーフレーム）：チャネルに設定されたキーフレームが三角の接線ハンドル（非ウェイト付き接線）や四角の接線ハンドル（ウェイト付き接線）で表示されます。

■ ツールバー

比較的良く利用されるツールバーの項目を左端から順番に紹介します。

※グラフエディタのメニュー：ビュー▶簡易ツールバーを有効にし「簡易ツールバー」表示に設定することが可能です。

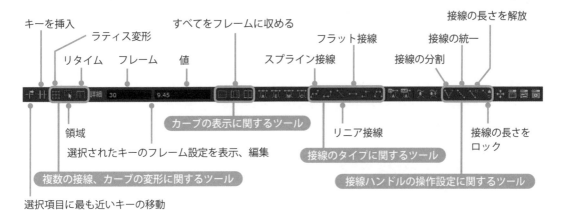

- **選択項目に最も近いキーの移動**：複数の接線が選択されている場合、マウスポインタに一番近い接線が操作の対象となります。
- **キーを挿入**：選択したカーブにキーを挿入します。

複数の接線、カーブの変形に関するツール

- **ラティス変形**：選択したカーブに行、列数を設定し自由な変形が可能です。
- **領域**：選択したカーブを移動、拡大縮小します。
- **リタイム**：ダブルクリックにより作成した複数のマーカーで、キーを移動させてタイミングを調整します。
- **選択されたキーのフレーム設定を表示、編集**：
  - ・フレーム　　選択されたキーのフレーム（時間）を表示、編集します。
  - ・値　　　　　選択されたキーの値を表示、編集します。

カーブの表示に関するツール

- **すべてをフレームに収める**：選択されているチャネルのカーブをすべて表示します。
- **再生範囲をフレームに収める**：選択されているチャネルのカーブを再生範囲内にすべて表示します。

接線のタイプに関するツール

- **スプライン接線**：選択されている接線をスプライン接線にします。
- **リニア接線**：選択されている接線をリニア接線にします。
- **フラット接線**：選択されている接線をフラット接線にします。

接線ハンドルの操作設定に関するツール

- **接線の分割**：接線の左右（インとアウト）を個別に操作できます。
- **接線の統一**：分割された接線を結合します。
- **接線の長さを解放**：接線の角度と長さ（ウェイト）を変更可能にします。
- **接線の長さをロック**：接線の長さ（ウェイト）をロックします。角度の変更は可能です。

■ 接線やカーブの操作

グラフエディタでの接線やカーブの編集方法の概要を紹介します。

接線は、アニメーションカーブの強弱と方向を決めます。**非ウェイト付き接線**（接線の長さが変えられない接線）と**ウェイト付き接線**（接線の長さを変えることができる接線）があります。ロックされた接線は黒色で表示されます。

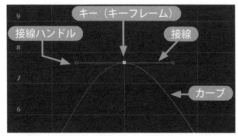

名称

接線はいくつかの部分から構成されていますが、単にまとめて「接線」と呼ぶことも一般的です。

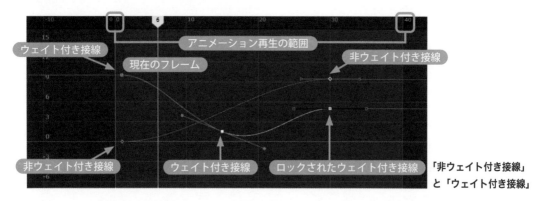

「非ウェイト付き接線」
と「ウェイト付き接線」

アニメーションカーブを思い通りに編集するには、接線の長さや方向を操作する必要があります。操作には慣れが必要ですが、特に以下の三点に注意して編集しましょう。

- 直線と曲線の使い分けを意識する
- 基本は滑らかなカーブ
- 互いの接線が交わらないように

■ キーの編集

キーの挿入ツール（ ▯▯ ）を有効にすることによって、選択されたアニメーションカーブの任意の位置にキーを挿入することが可能です。

キーの削除は、キーを選択して [Delete] または [Ctrl] + [X]、コピーペーストは、[Ctrl] + [C]、[Ctrl] + [V] で可能です。

■ グラフビューの操作

グラフビューでは、接線やカーブに対して選択、移動、拡大縮小など、ビューポートと同様の操作が可能です。接線やカーブは、左マウスボタンで選択し、ホイールボタンを押して移動するという手順で編集します。なお、カーブは次のように色分けして表示されます。

「カーブの色」
- **赤色**：X 軸のアニメーションカーブ
- **緑色**：Y 軸のアニメーションカーブ
- **青色**：Z 軸のアニメーションカーブ
- **灰色**：ロックされたアニメーションカーブ

（3）サイクル（繰り返し）の設定

それでは、回転を加えたタイヤのアニメーションを確認してみましょう。移動は 60 フレームにキー設定されていますが、回転は 30 フレームで止まってしまいます。60 フレーム目に再度「−720」を入力してキーを設定しても良いのですが、移動距離が長くなると計算も面倒になりそうです。

回転しながら移動する。これは脚を交互に出して歩く、羽を羽ばたかせながら飛ぶなど同様にアニメーションとしては基本的な動きの一つです。

一般的にこれらの動きの実現には、**サイクル（繰り返し）設定**を行います。

サンプルファイル

mayaStarterBookSbS¥scenes¥Step11¥tire03.mb 〜 tire04.mb

メニュー：ウィンドウ▶アニメーション▶グラフエディタでグラフエディタを表示しましょう。

pTorus1（タイヤ）を選択すると、設定された「移動」や「回転」がカーブで表示されます。「回転」の動きを「サイクル（繰り返し）」に設定しましょう。

カーブの表示はグラフエディタのウィンドウの大きさによって変わります。

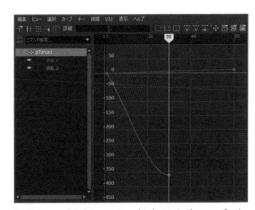

「回転 Z」と「移動 X」のカーブを表示したグラフエディタ

「回転 Z」の項目を選択してグラフエディタの
メニュー：ビュー▶インフィニティを有効に設
定します。

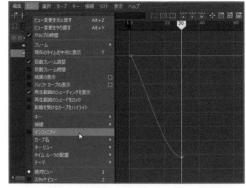

インフィニティを有効

グラフエディタのメニュー：ポストインフィ
ニティ▶サイクルを選択します。

カーブを選択して、ツールの右端あたりの「ポ
ストインフィニティをサイクル」アイコン（ ）
をクリックすると素早く設定可能です。

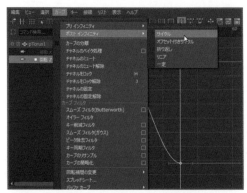

「ポストインフィニティ」をサイクル設定

グラフエディタには「回転 Z」に設定された
動きの繰り返しが表示されます。

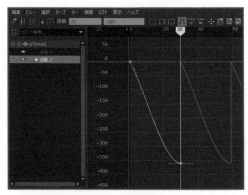

サイクル設定されたカーブの表示

■ アニメーションを確認

ここでもう一度アニメーションを確認してみましょう。

回転の動きの繰り返しは設定された様子ですが、やはり少し変です。30 フレームあたりで一旦
タイヤの回転が止まって再度始まります。

StepUP ヒント　イーズアウト、イーズイン

　イーズインとは、次第に変化量を小さくすることで、イーズアウトとは、次第に変化量を大きくすることです。

　車で例えると、停止している車が速度を上げながら（イーズアウト）走り出し、一定の速度で走った後に次第に速度を落として（イーズイン）停止する動きとなります。

　また、これらをまとめて**イージング**と呼びます。

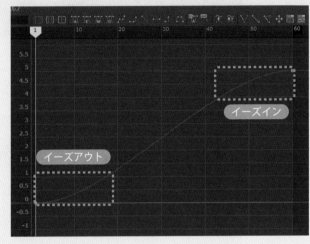

グラフエディタによるイーズイン、
イーズアウト

カーブの直線化

　タイヤの回転が止まる原因は分かりましたか。

　実は、Maya の「移動」や「回転」のキーを設定すると、イージング（加減速）が設定されているのです。

　つまり、あるキーから次のキーへの回転は、実際には**「停止していたタイヤが次第に回転を増し、次のキーの手前で減速し始めて−360度で停止する」**動きとなっています。この動きをサイクル設定で繰り返しているので、加速と減速の動作が含まれてしまっているのです。

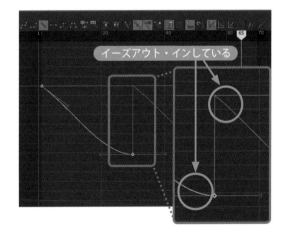

「イーズアウト・イン」設定されているカーブ

　これを解消するには、イージングを解除してカーブを直線にします。

カーブ全体、または二つのキーを選択して、グラフエディタのメニュー：接線▶リニア、または［リニア接線］のアイコンボタン（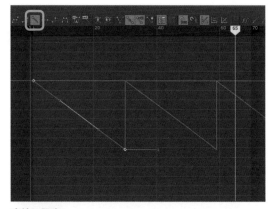）を選択して直線化しましょう。

直線に設定

「移動X」のイージングも直線化

再度アニメーションを再生して観察しましょう。よく見ると、「移動X」の動きにもイージングが適用されています。

グラフエディタで「移動X」を選択し、イーズアウトの設定を解消して「回転Z」と同様に直線化しましょう。

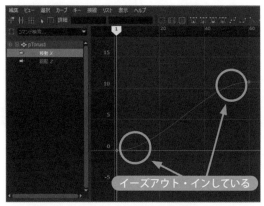

イーズアウト・インしている

「イーズアウト・イン」している「移動X」のカーブ

これで、タイヤはスムーズに回転し、進むようになります。

動きに緩急をつけるイージングは、アニメーションには非常に重要な要素です。

初期設定されたイージングをそのままにしておくと、CGアニメっぽいヌメヌメとした動きになり、逆に不用意なカーブの調整を行うと、カクカクとしたトリッキーな動きになります。

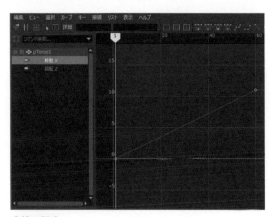

直線に設定

ここで設定した回転するタイヤは、実際にはタイヤの円周の長さを無視して設定しているので、滑りながら移動しています。

正しく回転させるためには、移動させた11ユニットを円周の長さ分の距離に変えてキーを打ち、「回転Z」の値に−360を設定する手順となります。

　トーラスを利用してタイヤを作成していますので、円周の長さは簡単に計算できます。興味のある人はチャレンジしてください。

StepUP ヒント　　**キーが動かない、接線ハンドルが動かない、長さが変えられない**

接線や接線ハンドルが動かない理由としては以下が考えられます。

ロックされている

[J] でロック解除

アニメーションレイヤーがロックされている

アニメーションレイヤーのロックを解除

非ウェイト付き接線に設定されている

キーを選択して右マウスボタンをクリックし、メニュー：ウェイト付き接線を選択

Human IK を利用していてクォータニオン設定になっている

「プリファレンス」ウィンドウの「アニメーション」カテゴリーにある回転補完▶新しい HIK カーブの既定を「独立したオイラー角度カーブ」に設定

11・3　[演習] グラフエディタでバウンスするタイヤ

　次に、同じトーラスを使ってバウンスするタイヤのアニメーションを作成してみましょう。ここではグラフエディタをさらに活用します。

サンプルファイル

mayaStarterBookSbS¥scenes¥Step11¥tire_bound01.mb ～ tire_bounce04.mb

■ ワークフロー

（1）タイヤ（トーラス）の設定

　　（1-1）キー設定の解除

　　（1-2）トランスフォームした値をフリーズ

（2）収縮（スカッシュ）の適用

　　（2-1）収縮（スカッシュ）の設定

　　（2-2）グループ化

（3）バウンスの設定

　　（3-1）グラフエディタで動きの調整

　　（3-2）収縮（スカッシュ）の設定

（1）タイヤ（トーラス）の設定

■（1-1）キー設定の削除

　最初から作り直す場合は必要ありませんが、回転するタイヤを利用する場合はキー設定の削除が必要です。まず、タイムスライダをダブルクリックしてキーを全選択します。

　次に、右マウスボタンをクリックしてメニュー：削除を選択して、タイヤに設定されたすべてのキーフレームを削除します。

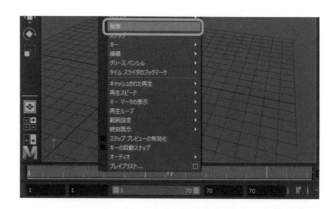

■（1-2）トランスフォームした値をフリーズ

　トーラスは縦にするために回転していますが、この回転が「収縮（スカッシュ）」方向に影響を与えるため、メニュー：修正▶トランスフォームのフリーズによって変形の値をゼロに設定しています。

メニューからトランスフォームのフリーズ**を選択**

アニメーションで扱うオブジェクトは、事
前にトランスフォームのフリーズやヒストリ
削除が推奨されます。

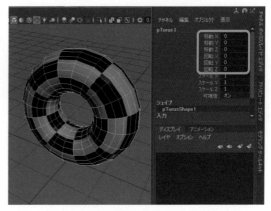

フリーズにより角度や位置の値がゼロに設定された

（2）収縮（スカッシュ）の適用

ゴム製のタイヤをイメージして地面に接地した時に変形するように、収縮（スカッシュ）をモ
デリング／アニメーションメニュー：デフォーム▶ノンリニア▶収縮から適用してください。

収縮（スカッシュ）は、ボールの中に空気が入っているような、体積の変わらない変形が可能
です。

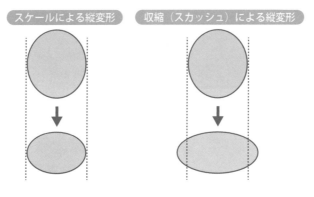

スケールと収縮（スカッシュ）の違い

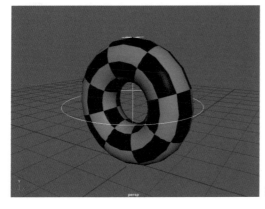

収縮（スカッシュ）を適用

■（2-1）収縮（スカッシュ）の設定

収縮（スカッシュ）を適用した後に、チャ
ネルボックスまたはアトリビュートエディタ
で squash1 の最大膨張点を「0.3」、下限範囲
を「0」、上限範囲を「2」に設定します。最
大膨張点は最大に膨張する位置、下限範囲と
上限範囲は収縮（または伸長）の範囲です。

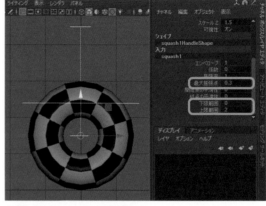

収縮（スカッシュ）の各設定

グリッドスナップを有効にして収縮（ス
カッシュ）を Y 軸のゼロ点（地面）に移動し
ます。

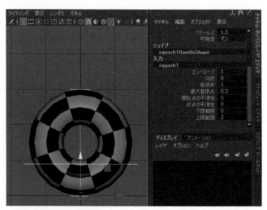

Y 軸のゼロ点に接地

グリッドスナップを有効

係数に数値を入力して変形を確認します。
本書のサンプルでは「−0.5」を入力しまし
た。

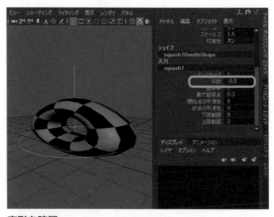

変形を確認

■（2-2）グループ化

回転するタイヤのアニメーション設定ではタイヤ（トーラス）に直接キーフレームを設定しま
したが、実際のアニメーションでは少し注意が必要です。

オブジェクトに直接キーを設定すると、アニメーションの修正や複合したアニメーション設定

が難しくなります。

　多くの場合は、たとえオブジェクトが一つでもグループ化（グループノードの作成）を行い、そのグループノードにアニメーションの設定を行います。

　アウトライナでタイヤ（トーラス）と squash1Handle を選択し、[Ctrl] + [G] でグループ化します。グループの名前は「bounce」にでも設定しておきましょう。

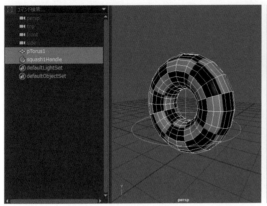
タイヤ（トーラス）と squash1Handle を選択

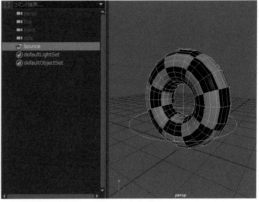
グループ化

（3）バウンスの設定

　上部から落としたタイヤを 3 回バウンスさせて、地面で停止します。

　バウンスは単純に 10 フレームごとに設定し、その後グラフエディタで動きに調整を加えます。

バウンスの各キーの値

フレーム	1	10	20	30	40	50	60	70
Y 軸	10	0	7	0	4	0	2	0

❶ アウトライナで「bounce」を選択し、インジケータを1フレーム目に移動させます。
❷ タイヤは Y 軸方向に 10（ユニット）の位置に移動させてキーを設定します。

タイヤの最初の位置を設定

❸インジケータを 10 フレームに移動さ
せ、❹タイヤは Y 軸方向にゼロ点に接地さ
せてキーを設定します。

　これでタイヤを落とし、接地するまでの設
定が終わりました。インジケータをマウスで
スライドさせて動きを確認しましょう。

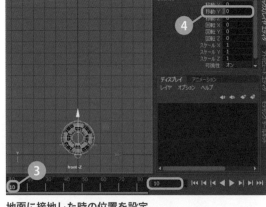

地面に接地した時の位置を設定

　次は地面からのバウンスです。❺インジ
ケータを 20 フレームに移動させ、❻タイヤ
は Y 軸方向に 7（ユニット）の位置に移動さ
せてキーを設定します。

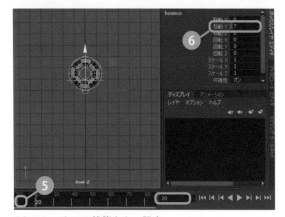

20 フレームでの状態をキー設定

　同様に 30 〜 70 フレームを 10 フレームごとに設定してください。

　設定が終われば、アニメーションを再生してみましょう。その場で 3 回バウンスしますが、3
つほど調整を加えたい部分があります。

(1) 地面に接地、バウンスする際に減速し
　　 ていること。
(2) 高さが低くなっても同じ時間で上下移
　　 動していること。
(3) 地面に接地した瞬間のタイヤの変形が
　　 欲しいところです。収縮（スカッシュ）
　　 を適用しているのもそのためですから。

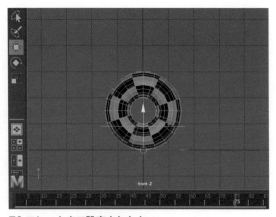

70 フレームまで設定されたキー

■（3-1）グラフエディタで動きの調整

　グラフエディタで、「移動Y」のカーブを確認します。（1）と（2）の修正はグラフエディタで調整可能です。このカーブに手を加えて、よりリアルな動きにしてみましょう。

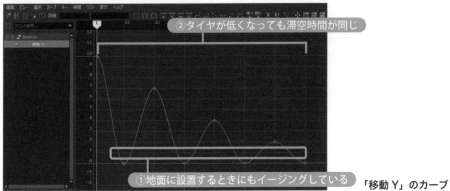

「移動Y」のカーブ

　（1）の問題の原因は、接地の前後のイージングです。減速しないように接地のキーをすべて選択し、「リニア接線」を適用してイージングを無効にしましょう。

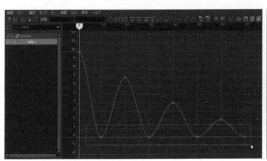

接地のキーを選択　　　　　　　　　　**「リニア接線」を適用**

　（2）の同じ時間で上下移動している問題は、アニメーションの設定が行いやすいように、等間隔で作成した結果です。「カーブ」の等間隔を調整することによって解消します。

　「カーブ」をすべて選択します。

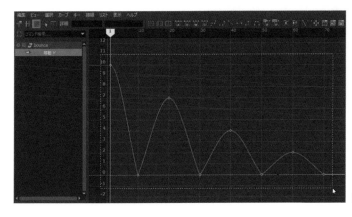

カーブをすべて選択

「キーのラティス変形」アイコン（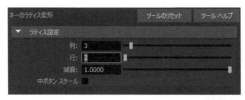）を選択します。「キーのラティス変形」は、分割数と減衰の設定が可能な変形ツールです。このツールを使って時間が次第に短くなる設定を試してみましょう。ツール設定はアイコンをクリック（またはダブルクリック）することで表示されます。

列に「3」、行に「2」を設定しました。

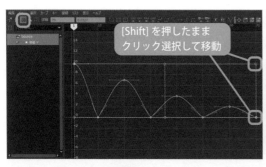

「キーのラティス変形」の設定

ラティスの端のコントロールポイントを選択して適宜移動します。本書のサンプルでは 40 フレームまで移動しました。時間（　）と値（　）のスナップを有効にすると移動しやすいでしょう。

コントロールポイントを選択　　　　　**コントロールポイントを移動**

簡易な方法なのでこれくらいの修正で良いでしょう。

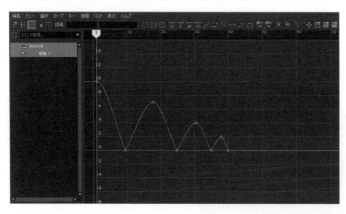

「キーのラティス変形」後のカーブ

「キーのラティス変形」でカーブはうまく変形できた様子ですが、少し問題が残っています。それは、キーの場所に端数が発生してしまっているのです。これを修正しておかないと、（3）の収縮（スカッシュ）の変形処理の設定に手間取りそうです。タイムスライダーをダブルクリックして全選択し、右マウスボタンを押して**マーキングメニュー：スナップ**を適用して、キーのフレーム位置を整数化します。

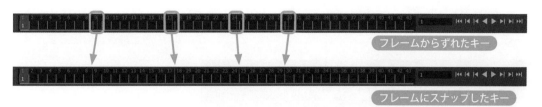

フレームからずれたキー

フレームにスナップしたキー

キーをスナップ

■（3-2）収縮（スカッシュ）の設定

　最後の調整は、地面に接地したときの変形を表現するための、収縮（スカッシュ）によるタイヤの変形です。キーを設定するフレームに注意して進めましょう。

　まず、❶適用した収縮（スカッシュ）squash1Handle を選択します。次に、❷**8フレーム**（接地の一つ前のフレーム）を選択し、❸**チャネルボックス：入力▶ squash1 ▶係数**に「0」を設定してキーを作成します。

　このキー設定は、接地する手前のフレームまでタイヤが変形を起こさないためのものです。

　接地のフレーム位置は bounce を選択して確認してください。

　係数に設定したキーのタイムスライダ表示は、チャネルボックス：入力▶ squash1 をクリックして展開してください。

8 フレームにキーを設定

　❹接地の **9 フレーム**では、❺係数に「−0.5」を設定してタイヤに変形を加えます。

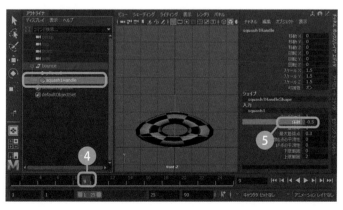

9 フレームに変形のキーを設定

バウンス直後は2フレームの間を空け、**6 11フレーム**で **7** 係数に「0.5」を設定してタイヤに縦変形を加えます。これはアニメ的な変形ですね。2フレームの間の設定は適宜の値です。

11フレームに縦変形のキーを設定

このままでは縦変形したままですので、**8 18フレーム**の頂点で **9** 係数に「0」を設定してタイヤを元の正円に戻します。

これで1回のバウンス前後の設定が終わりました。残り2か所の接地フレーム前後でも同様の設定を行いましょう。最後の縦変形は必要ないでしょう。

18フレームに正円のためのキーを設定

最終的に、キーとカーブの状態は次の図のようになりました。

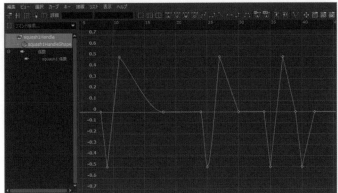

収縮（スカッシュ）に対するキー

収縮（スカッシュ）のカーブ

　カーブを見て違和感があれば調整を加えましょう。次の図は、フレームの間隔が狭いので「リ
ニア接線」を適用させてイージングを削除した様子です。

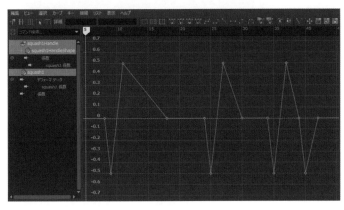

イージングを削除した様子

　次に、手作業でキーの高さを調整して、バウンスが小さくなるにつれて変形も小さくなるよう
設定します。また、少し硬い動きで尺も伸ばした方が良さそうです。……というように、アニメー
ションの設定に終わりはありません。

　このあたりで「バウンスするタイヤ」は完成とします。

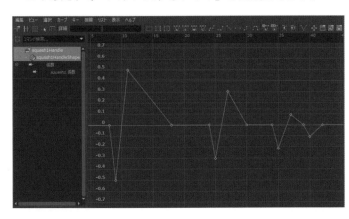

徐々に変形を小さくした様子

StepUP
ヒント
モーション軌跡とゴースト

bounce を選択し、バウンスするタイヤの移動 X の 1 フレームに 0 でキーを設定し、40 フレームに 12 ユニット移動させてキーを設定すると、タイヤはバウンスしながら移動します。

この状態で bounce のモーション軌跡を有効にすると、カーブにも似たモーション軌跡線が表示されます。

アニメーションメニュー：視覚化▶編集可能なモーション軌跡の作成（  ）は、マウスによるアニメーションの簡易な編集の他、アトリビュートエディタによる設定が可能です。表示したモーション軌跡の削除は、アウトライナから「モーション軌跡」のオブジェクトを削除します。

アニメーションメニュー：視覚化▶選択項目をゴースト化（ ⚅ ）は、前後のフレームを半透明に表示できる機能です。一般的には「オニオンスキン」と呼ばれる描画で、キーでのポーズ設定などに威力を発揮します。

選択項目をゴースト化

モーション軌跡

■ その他のアニメーションウィンドウ

Maya ではアニメーション編集のための機能がいくつか用意されています。

重複して設定可能な場合も多くありますが、アニメーションの細かな設定からクリップ単位の扱いまでは以下のような相関と考えて良いでしょう。

部分的（詳細）	◀┈┈┈	編集対象	┈┈┈▶	全般的（概要）
グラフエディタ	タイムスライダ		ドープシート	タイムエディタ （Trax エディタ）

ドープシート

　2D アニメーション制作の業界では、古くから利用されている管理シートです。Maya のドープシートは、フレームの再配置に便利なツールです。フレームの時間位置を変更したり、引き延ばしたり、縮めたりといった操作が簡単に行えます。

ドープシート

Trax エディタ

　アニメーションをクリップ（編集素材）で扱い、編集することが可能なノンリニアエディターです。サウンドクリップなどを扱うには便利です。

　現在ではタイムエディタの利用が推奨されます。

　ノンリニアエディタとは、編集ソースを自由に配置可能なエディタをいいます。現在のソフトウェアによる編集は一般的にノンリニア編集となります。

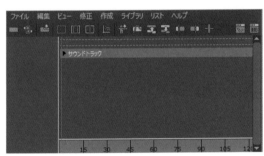

Trax エディタ

タイムエディタ

　作成したアニメーションをクリップ（編集素材）で扱い、編集することが可能なエディタです。モーションのトランジッション（場面転換）処理など、Trax エディタをより高機能に、自由度を高めたアニメーションの編集エディタです。

タイムエディタ

StepUP
ヒント
アニメーションレイヤ

　アニメーションレイヤ上で編集されたアニメーションは、ベースのアニメーションに変更を加えることなく、優先させてキーフレームを設定できる機能です。

Trial and error!　Step by step!

Step 12

スクリプト・補足

プログラミングに馴染みのない人にとっては敷居が高く感じ
られますが、Maya にとってスクリプト言語がどのような機
能を持ち、それらの設定をどのように行うかへの入口として
確認しましょう。

12・1 Maya におけるスクリプト

Maya で利用できるスクリプト言語にはいくつかの種類があります。MEL と Python は、その中でも主に利用される言語となります。

■ MEL（Maya Embedded Language）

Maya 用に独自に作成された言語です。

Maya のインターフェースは主に MEL で作成されています。構文はプログラミング言語の Java に似ていますが、コマンド入力を行うようにも実行可能です。実行速度も早く、Maya をプログラミングする上では扱いやすい言語となっています。

MEL スクリプトファイルの拡張子は「**.mel**」です。

MEL の記述には、コマンドライン、エクスプレッションエディタ、スクリプトエディタ、一般のテキストエディタを使用します。コマンドラインでは、切り替えることによって Python の入力も可能です。

試しに、以下の MEL をコマンドラインに入力して [Enter] を押してみましょう。結果は確認できましたか？　そうですね。ポリゴン立方体が作成されます。

```
CreatePolygonCube;
```

■ エクスプレッション

エクスプレッションは、より扱いやすくした MEL の記述方法です。

オブジェクトを数式によって操作するのであれば、エクスプレッションの利用が最も簡単です。時間の経過（フレームの進捗）に伴ってアトリビュートを制御します。

Maya の各機能の値を直接操作可能なこと以外は、基本的に MEL と同じ言語です。

エクスプレッション固有の便利な機能としては、time や frame などタイムライン上の値を取得できるキーワードがあります。

記述はメニュー：ウィンドウ▶アニメーションエディタ▶エクスプレッションエディタやテキストエディタを使用します。

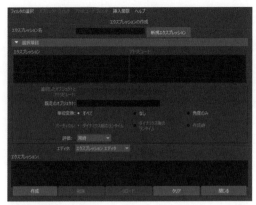

エクスプレッションエディタ

■ Python/Pymel

Pythonは現在人気の高いスクリプト言語です。Mayaだけでなく、多くのソフトウェアで利用可能な言語となっています。Maya 2022ではPython2とPython3の2つのバージョンを利用できますが、本書では基本的にPython3を利用します。

Pymelは、Maya固有のコマンドをPythonで扱いやすくするためのモジュールです。

MayaでPythonまたはPymelを利用するには、各モジュールを読み込む必要があります。

```
import maya.cmds as cmd       (Pythonモジュールの読み込み)
import pymel.core as pm       (Pymelモジュールの読み込み)
```

※ macOS用のMayaにはPython3のみが搭載されています。
※本書では比較的情報が多いPythonモジュールの読み込みにより記述しています。

記述はメニュー：ウィンドウ▶一般エディタ▶スクリプトエディタやテキストエディタを使用します。

```
CreatePolygonCube;
polyCube -w 1 -h 1 -d 1 -sx 1 -sy 1 -sz 1 -ax 0 1 0 -cuv 4 -ch 1;
// 結果: pCube1 polyCube1 //
setAttr "pCube1.translateX" 10;
setAttr "pCube1.rotateY" 90;
setAttr "pCube1.rotateY" 90;
setAttr "pCube1.scaleY" 2;
select -cl ;
setAttr "pCube1.translateX" 5;

MEL x    Python x    +
setAttr "pCube1.translateX" 5;
```

スクリプトエディタ

プログラミングを体験

本格的なプログラミングには Python や MEL の言語を覚える必要がありますが、最初はコピー & ペーストで十分です。様々な利用シーンが広がります。

■ エクスプレッションによる羽根の回転

サンプルファイル

```
mayaStarterBookSbS¥scenes¥Step12¥expression_1.mb
```

簡単なエクスプレッションの設定例として、羽根の回転を紹介します。

まず、簡単な羽根をメニュー：作成▶ポリゴンプリミティブ▶ギアで作成します。羽根に風を受けるための傾きはありませんが、これで良しとしましょう。

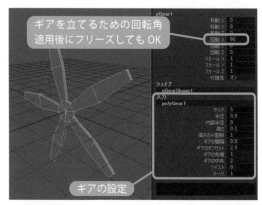

ギアの設定

試すのは、アニメーションが再生されると羽根が回転するといった簡単なエクスプレッションです。

❶ チャネルボックスから羽根の「回転 Z（回転方向）」のタイトルを選択し、❷ パネルメニュー：編集▶エクスプレッション ... でエクスプレッションエディタを簡単に呼び出すことが可能です。

この方法でエクスプレッションエディタを呼び出すと、すでに選択されたアトリビュートが「選択したオブジェクトとアトリビュート」欄に表示されています。

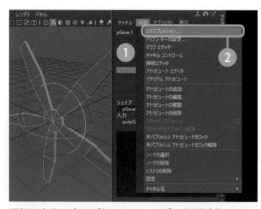

回転 Z からエクスプレッションエディタ呼び出し

表示されるエクスプレッションエディタの①選択したオブジェクトとアトリビュートのテキストをコピーし、②エクスプレッション：にペーストします。pGear1.rotateZ 以降には = frame*10; と入力してください。大文字、小文字をそのまま入力してください。

エクスプレッション：への入力内容

```
pGear1.rotateZ = frame*10;
```

間違いなく入力が終われば、③［編集］ボタン（初回は［作成］ボタン）を押します。コードにエラーがなければ④エクスプレッション名に自動で名前が表示されて完了です。

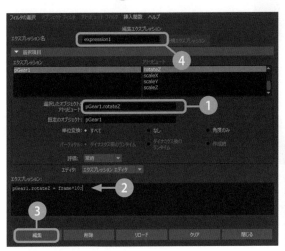

エクスプレッションの設定

エクスプレッション適用項目は紫色のラベル

設定が完了すれば、アニメーションの再生ボタンを押してみましょう。羽根（ギア）が回転すれば OK です。

先に入力したエクスプレッションは、pGear1 の回転 Z の値にフレーム数 × 10 の代入をフレームごとに行うという意味になります。そのため、1 フレーム目では回転 Z の値は 10 度、2 フレーム目では回転 Z の値は 20 度……と変化します。

羽根の回転方向を逆にするには −10 を掛けます。また、掛ける数値を増減することで回転の速さを調整できます。

さらに試す場合は次の行を追記してみましょう。コードを変更した場合は、再度［編集］ボタンを押すのを忘れないでください。

エクスプレッションに 2 行目を追加

```
pGear1.rotateZ = frame*10;
pGear1.translateZ = frame/10;
```

12

作成したエクスプレッションが消えた！

　作成したエクスプレッションをもう一度編集したいが表示されない場合は、①エクスプレッションエディタのメニュー：フィルタの選択▶エクスプレッション名を選ぶと、②作成されている「エクスプレッション名」が並びます。編集したいエクスプレッションの名前を選択すると③コードが表示されますので、必要な編集を行った後に④［編集］ボタンを押してください。

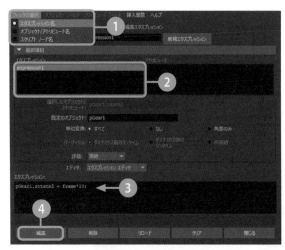

エクスプレッションの設定

■ Python スクリプトによるランダムなインスタンス作成

サンプルファイル

```
mayaStarterBookSbS\scripts\randInst.py
```

　ここではサンプルスクリプト randInst.py を例に、スクリプトエディタでの実行方法を紹介します。スクリプトを自作し実行する手順も同様です。

　randInst.py は、入力した数の立方体のインスタンスをランダムに生成するプログラムです。

　実行するとポリゴン立方体が指定の数だけランダムな位置、角度で作成されます。作成されたポリゴン立方体はインスタンスと呼ばれる複製方法です。

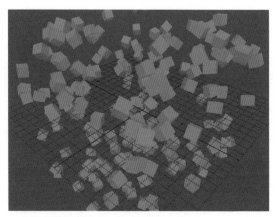

ランダムインスタンス（randInst.py）

Python のプログラムではインデント（字下げ）が重要です。テストする場合はサンプルコードを読み込むか、そのまますべてを選択してスクリプト入力窓へコピー＆ペーストしてください。

Python コード（randInst.py）

```python
#Python用Mayaモジュールの読み込み
import maya.cmds as cmds
#ランダムモジュールの読み込み
import random

#関数
def myObJ(text):

    #既にmyCube名のオブジェクトがあればオブジェクトを削除
    objList =cmds.ls('myCube*')
    if len(objList) > 0:
        cmds.delete(objList)

    #立方体プリミティブの作成
    result = cmds.polyCube(w=1, d=1, h=1, name='myCube#')
    objName = result[0]

    #入力された回数分のループ
    for i in range(0, text):

        #インスタンスを作成
        myInstance = cmds.instance(objName, name=objName + '_instance#')

        #ランダム座標の生成
        x = random.uniform(-10,10)
        y = random.uniform(-10,10)
        z = random.uniform(-10,10)

        #ランダム角度の生成
        xrot = random.uniform(0,360)
        yrot = random.uniform(0,360)
        zrot = random.uniform(0,360)

        #移動と回転
        cmds.move (x,y,z,myInstance)
        cmds.rotate (xrot,yrot,zrot,myInstance)

    #インスタンスに色設定
    rr = random.random()
    gg = random.random()
    bb = random.random()

    cmds.polyColorPerVertex(myInstance, r=rr,  g=gg, b=bb, cdo=True)
```

```
#入力プロンプトの生成
result = cmds.promptDialog(
        title='Objects Count',
        message='Enter the number:',
        button=['OK', 'Cancel'],
        defaultButton='OK',
        cancelButton='Cancel',
        dismissString='Cancel')

#OKであれば関数実行
if result == 'OK':
    text = int(cmds.promptDialog(query=True, text=True))
    if text <= 1000:
        myObJ(text)
        #最初のオブジェクトを非表示
        cmds.hide('myCube1')
```

■ 編集と実行

メニュー：ウィンドウ▶一般エディタ▶スクリプトエディタを選択するか、スクリプトエディタアイコン（🔲）をクリックして、スクリプトエディタを表示します。

ヒストリ表示窓に色々と表示されていても問題ありませんが、気になる場合は、❶ヒストリ、スクリプトクリアのボタンを押してウィンドウをクリアしましょう。

サンプルスクリプトを実行するには、❷「スクリプトを開く」ボタンを押しファイルを直接読み込むか、スクリプトエディタのスクリプト入力窓にサンプルスクリプト（randInst.py）を直接コピー＆ペーストして❸「スクリプト実行」ボタンを押してみましょう。

スクリプトの既定の参照先（保存フォルダ）は、C:¥Users¥ ユーザー ¥Documents¥maya¥Maya バージョン ¥ja_JP¥scripts です（日本語モードの場合）。

サンプルスクリプトをコピー＆ペーストする場合は、「Python」タブを押して Python 用の入力窓に切り替えてください。

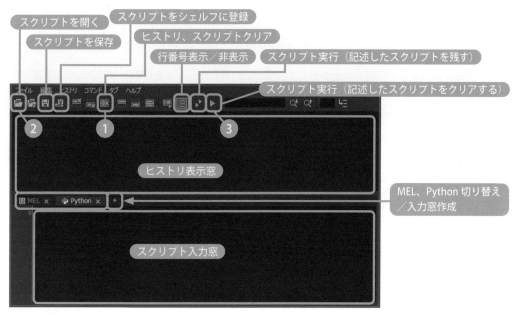

スクリプトエディタ

　サンプルスクリプトが読み込まれたら、④ [実行] ボタンを押しましょう。読み込んだスクリプトは実行しても表示はクリアされません。

　作成するインスタンスの数を聞いてきますので、⑤ 適当な数字を入力して ⑥ [OK] ボタンを押してください（安全のため 1000 までの入力が可能です）。

サンプルスクリプトを読み込み実行

StepUP ヒント　ダウンロードしたファイルの保存、実行、シェルフへの登録

　もしお気に入りのスクリプトが見つかってダウンロードしたら、所定の場所に保存してシェルフに登録しましょう。

　ダウンロードして解凍した .mel ファイルや .py ファイルを以下のフォルダにインストールします。インストールした後に念のため Maya を再起動しましょう。スクリプトによっては設定方法の違いなどもありますので、念のため各スクリプト配布元の説明を確認してください。

日本語

```
C:¥Users¥ ユーザー ¥Documents¥maya¥Maya バージョン ¥ja_JP¥scripts
```

英語

```
C:¥Users¥ ユーザー ¥Documents¥maya¥Maya バージョン ¥scripts
```

　所定の場所に保存したスクリプトは、拡張子を除いたファイル名をコマンドラインに入力して [Enter] で実行することが可能です。

　実行可能な MEL や Python は、シェルフに登録可能です。スクリプトエディタの登録ボタンでも良いですが、他に、コマンドラインのファイル名選択や、コード全体を選択してシェルフにホイールボタンでドラッグ＆ドロップすることでも簡単に登録できます。

ホットキー（ショートカット）一覧

　よく使う機能は**ホットキー**を利用すると作業が一段と効率良くなり、画面操作の混乱や煩雑さも少なくなります。

　ここで示すホットキーの一覧は、Maya で利用可能なホットキーの一部ですが、比較的利用頻度の高いと思われる項目を選んでみました。

　小文字／大文字入力は問いません。

ファイル操作

[Ctrl] + [N]	新規シーン
[Ctrl] + [S]	シーンを保存（上書き保存）
[Ctrl] + [Shift] + [S]	シーンを別名で保存
[Ctrl] + [O]	シーンを開く

表示の操作

[Alt] + 左マウスボタンドラッグ	カメラのタンブル（回転）
[Alt] + マウスホイール回転	カメラのドリー（前後移動）
[Alt] + ホイールボタンドラッグ	カメラのトラック（上下左右移動）
[A]	すべてをカメラフレームに収める
[F]	選択オブジェクト表示（カメラの中心にセット）
[Home]	既定のビュー（カメラをワールドの中心へ移動）
[Space]	パネルの最大化⇔4分割
[Space] 長押し	ホットボックス表示
右マウスボタン	選択オブジェクト編集 マーキングメニュー
[Shift] + 右マウスボタン	ポリゴン編集 マーキングメニュー
[Ctrl] + [Space]	フルスクリーンビュー／標準ビューの切替
[H]	選択オブジェクトの表示／非表示
[1]	ポリゴンメッシュ表示
[2]	ケージ＋スムーズメッシュ表示
[3]	スムーズメッシュ表示
[Ctrl] + [T]	ユニバーサルマニピュレータツールを表示

オブジェクトの操作

[Q]	選択ツール
[W]	移動ツール
[E]	回転ツール
[R]	スケール ツール
[Alt] + 矢印キー	選択したオブジェクトをその方向に 1 つ移動する
[B]	ソフト選択オン／オフ
[Ctrl] + [Shift] + [S]	すべてを選択
[F8]	オブジェクトモードとコンポーネントモードの切替え
[Ctrl] + [E]	押し出し
[Ctrl] + [B]	ベベル
[Ctrl] + [Shift] + [X]	マルチカット

編集

[Ctrl] + [D]	複製
[Ctrl] + [Shift] + [D]	特殊な複製
[Shift] + [D]	トランスフォームして複製
[G]	繰り返し
[Ctrl] + [Q]	ソフトウェアの終了
[Ctrl] + [G]	グループ化
[Ctrl] + [C]	コピー
[Ctrl] + [V]	ペースト
[P]	ペアレント化
[Shift] + [P]	ペアレント化解除
[S]	キーの設定（すべてのチャネル）

UI

[Ctrl] + [Z]	元に戻す
[Ctrl] + [Y]	やり直し
[Ctrl] + [M]	メニューの表示／非表示
[Shift] + [M]	パネルメニューバーの表示／非表示
[Ctrl] + [Shift] + [M]	パネルツールバーの表示／非表示
[+]	マニピュレータサイズの拡大
[-]	マニピュレータサイズの縮小
[D]	ピボットの編集モード／解除
[B] ドラッグ（ウェイトペイント時）	ブラシサイズの変更
[Ctrl]（ウェイトペイント時）	ブラシ効果の反転
[Shift]（ウェイトペイント時）	ペイント操作を「スムーズ」にする

その他

[F1]	Maya のヘルプ
[Esc]（長押し）	レンダリングの中止

12・3 ホットボックス

Maya の画面上で [Space] を押すと表示されるインターフェースです。すべてのメニュー項目を素早く選択できるので、慣れると大変便利です。

作品作りにリズムは大事！

マーキングメニュー

　ビューパネル内で右マウスボタンを押すと表示されるインターフェースです。選択している対象によって表示される内容が変化します。初心者でも利用頻度の高い「マーキングメニュー」もあるでしょう。

● 選択対象の無い時

右マウスボタンを押下

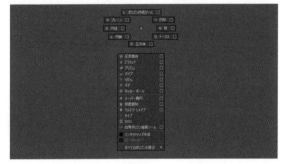

[Shift] + 右マウスボタンを押下

● ポリゴンメッシュ選択時

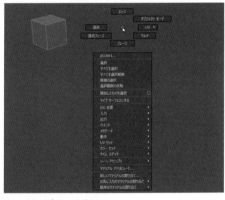

右マウスボタンを押下

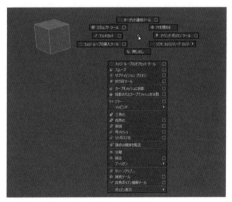

[Shift] + 右マウスボタンを押下

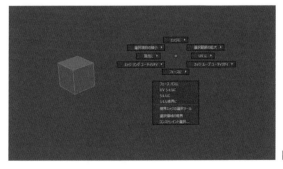

[Ctrl] + 右マウスボタンを押下

● サーフェス選択時

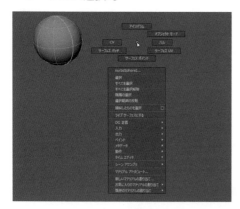

[Shift] + 右マウスボタンを押下

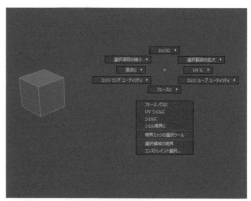

[Ctrl] + 右マウスボタンを押下

● ウェイトペイント時

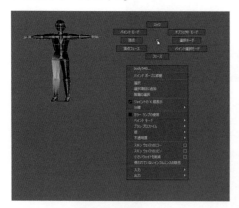

[Shift] + 右マウスボタンを押下

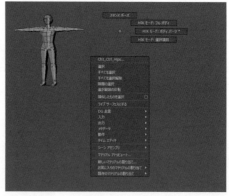

右マウスボタンを押下

12·5　参考サイト

　3DCG制作のためのサイトを紹介します。どのサービスも大変有用で本書サンプルファイルでも多く利用しています。

　なお、ライセンスなどは著者の保障するところではありません。利用の際は各サイト、サービスの利用規約を再度ご確認ください。

■ Autodesk Maya Bonus Tools 2018-2022

　Maya Bonus Tools は、Autodesk 公式のプラグインです。

　様々な機能を持つ便利な機能満載のプラグインです。Autodesk アカウントがあれば無料でダウンロードできます。

　ダウンロードは「Autodesk Maya Bonus Tools 2018-2022」で検索したサイトから行ってください。

■ Poly Haven

https://polyhaven.com/

　「Poly Haven」では CC0 ライセンスの高品質な 3D オブジェクト、テクスチャ、HDRI のダウンロードが可能です。本書でも様々なサンプルに数多くの素材を利用させていただいています。

　※ CC0（CC0 1.0 Universal）はパブリックドメインで著作権や商標権は一切存在しません。詳しくは https://creativecommons.org/

■ textures.com

https://www.textures.com/

　高品質の3Dオブジェクト、テクスチャ、HDRI のダウンロードが可能です。

　有料が基本ですが、サイズの小さなテクスチャなどは無料でのダウンロードも可能です。

■ TURBOSQUID

https://www.turbosquid.com/

古くから運営されている 3D マーケットプレイスです。有料、無料の 3D オブジェクト、テクスチャが豊富にそろえられています。作成した 3D オブジェクトの販売も可能です。

■ MIXAMO

https://www.mixamo.com/

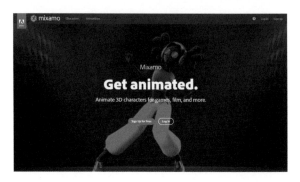

アニメーションデータを無料でダウンロードして利用できます。FBX データをアップロードして自動でリグ付けを行うことも可能です。

現在は Adobe によって運営されて、サービス移行中の様子ですので将来的にはサイトの方針が変わるかもしれません。

■ Pexels

https://www.pexels.com/

投稿型のクオリティの高いフォトストックサイトです。画像は全て商用、非商用に限らず無料で利用できます。

最後に

Maya は大変ボリュームのある 3DCG ソフトウェアです。

本書はそんな Maya の初学者を対象として、多くの機能の中から基本的な機能を選び解説しました。

初学者向けと言いながらも、初学者にとっては難解な言葉や概念が並んでいる部分もあるでしょう。また、ページの関係で割愛した機能紹介に、読者の知りたい部分が抜けている場合もあります。

過不足を感じられた読者には申し訳のない思いです。

本書は、これ一冊で Maya が自在に使えるようになる書籍としては書かれていません。筆者が読者に対して望むことは、本書を読むことによって、「さっぱり分からない」状態から抜け出し、「これからは自分で調べながら使えるようになるかも知れない」といった手ごたえを感じて頂けることです。

紙の書籍の利点は書き込みができることです。自分で調べたコツやテクニック、スキルアップにつながる情報など、ページにどんどん書き込んでください。

本書が単なる書籍から、Maya のメモ帳として形を変えることができれば、筆者が望む本来の目的を達成することができたと思います。

今後の学習の進捗を心より応援します。

伊丹 シゲユキ

索 引

■ 著者プロフィール

伊丹 シゲユキ（Itami Shigeyuki）

職業はクリエーター。イラストレーター業を機にグラフィック制作分野での活動を始める。デザイン、WEB、ゲーム企画、3D を専門とし、加えて講師業、執筆、コンサルタント全般をフィールドとする。

HP: itami.info
Twitter: @buzzlyhan

Maya スターターブック

モデリングからマテリアル、そしてアニメーションまでの基礎演習

2022 年 8 月 20 日　　　初版第 1 刷発行

著　者	伊丹 シゲユキ
発行人	石塚 勝敏
発　行	株式会社 カットシステム
	〒 169-0073 東京都新宿区百人町 4-9-7　新宿ユーエストビル 8F
	TEL（03）5348-3850　　FAX（03）5348-3851
	URL　https://www.cutt.co.jp/
	振替　00130-6-17174
印　刷	シナノ書籍印刷 株式会社

本書に関するご意見、ご質問は小社出版部宛まで文書か、sales@cutt.co.jp 宛に e-mail でお送りください。電話によるお問い合わせはご遠慮ください。また、本書の内容を超えるご質問にはお答えできませんので、あらかじめご了承ください。